"信毅教材大系"编委会

主　　任	卢福财
副 主 任	邓　辉　王秋石　刘子馨
秘 书 长	廖国琼
副秘书长	宋朝阳
编　　委	刘满凤　杨　慧　袁红林　胡宇辰　李春根
	章卫东　吴朝阳　张利国　汪　洋　罗世华
	毛小兵　邹勇文　杨德敏　白耀辉　叶卫华
	尹忠海　包礼祥　郑志强　陈始发
联络秘书	方毅超　刘素卿

信毅教材大系·会计学系列

管理会计学指导用书

Study Guide to Managerial Accounting

张 可 编著

复旦大学出版社

序言

为了帮助各位同学更好地学习管理会计的基本内容、基本理论和基本方法,掌握管理会计课程的学习方法,抓住重点和难点内容,提高同学们分析问题、解决问题的能力,我们根据《管理会计学》(张绪军、杨桂兰主编,复旦大学出版社,2020年第二版)及课程考试大纲的内容和要求,组织编写了《管理会计学指导用书》。本书采用与《管理会计学》相一致的体例,各章内容包括四部分:重点与难点、关键概念、练习题和案例分析,练习题和案例分析附有参考答案,供同学们对照参考。在编写过程中,我们力求突出重点、兼顾一般,使同学们在熟悉本课程总体框架的基础上,强化对各章知识点及相关重点和难点内容的把握和理解,有效地提高课程的应试成绩和独立分析问题、解决问题的能力。

本书由张可编著,参与本书编写的有张绪军、黎阳、王彦璋、龙雨欣、黎欣、吴思萌、黄锦。本书编写过程中,我们得到了江西财经大学会计学院老师的大力支持,他们提出了许多宝贵意见,在此表示感谢。由于水平所限,本书在体例安排和内容表述上可能存在缺点和错误,恳请批评指正。

编 者
2023年7月于南昌

目 录

第一章 总论 ·· 001
 重点与难点 ··· 001
 关键概念 ··· 004
 练习题 ··· 005
 案例分析 ··· 008
 练习题答案 ··· 011
 案例分析答案 ··· 013

第二章 成本性态分析与变动成本法 ························· 014
 重点与难点 ··· 014
 关键概念 ··· 018
 练习题 ··· 018
 案例分析 ··· 024
 练习题答案 ··· 025
 案例分析答案 ··· 029

第三章 本量利分析 ·· 031
 重点与难点 ··· 031
 关键概念 ··· 034
 练习题 ··· 034
 案例分析 ··· 040
 练习题答案 ··· 042
 案例分析答案 ··· 045

第四章 经营预测 ·· 048
 重点与难点 ··· 048
 关键概念 ··· 052
 练习题 ··· 052
 案例分析 ··· 057

  练习题答案 …………………………………………………… 057
  案例分析答案 ………………………………………………… 060

第五章 经营决策 ………………………………………………… 061
  重点与难点 …………………………………………………… 061
  关键概念 ……………………………………………………… 065
  练习题 ………………………………………………………… 065
  案例分析 ……………………………………………………… 075
  练习题答案 …………………………………………………… 076
  案例分析答案 ………………………………………………… 080

第六章 全面预算 ………………………………………………… 082
  重点与难点 …………………………………………………… 082
  关键概念 ……………………………………………………… 086
  练习题 ………………………………………………………… 087
  案例分析 ……………………………………………………… 094
  练习题答案 …………………………………………………… 094
  案例分析答案 ………………………………………………… 098

第七章 标准成本法 ……………………………………………… 099
  重点与难点 …………………………………………………… 099
  关键概念 ……………………………………………………… 104
  练习题 ………………………………………………………… 105
  案例分析 ……………………………………………………… 110
  练习题答案 …………………………………………………… 111
  案例分析答案 ………………………………………………… 116

第八章 责任会计 ………………………………………………… 118
  重点与难点 …………………………………………………… 118
  关键概念 ……………………………………………………… 122
  练习题 ………………………………………………………… 122
  案例分析 ……………………………………………………… 132
  练习题答案 …………………………………………………… 132
  案例分析答案 ………………………………………………… 139

第九章　作业成本法 …… 141
重点与难点 …… 141
关键概念 …… 145
练习题 …… 146
案例分析 …… 155
练习题答案 …… 156
案例分析答案 …… 161

第十章　战略管理会计 …… 163
重点与难点 …… 163
关键概念 …… 166
练习题 …… 166
案例分析 …… 170
练习题答案 …… 171
案例分析答案 …… 174

第十一章　企业业绩评价 …… 175
重点与难点 …… 175
关键概念 …… 180
练习题 …… 180
案例分析 …… 185
练习题答案 …… 186
案例分析答案 …… 187

第一章 总 论

重点与难点

一、管理会计的定义

管理会计的概念可以从广义和狭义两方面去理解:广义管理会计和狭义管理会计。广义的管理会计是指用于概括现代会计系统中区别于传统会计,直接体现预测、决策、规划、控制和责任考核评价等会计管理职能的那部分内容的一个范畴。狭义的管理会计是指以强化企业内部经营管理,实现最佳经济效益为目的,以现代企业经济活动为对象,通过对财务信息的深加工和再利用,实现最经济过程的预测、决策、规划、控制和责任考核评价等职能的一个会计分支,是一种侧重于在现代企业内部经营管理中直接发挥作用的会计,同时又是企业管理的重要组成部分。

二、管理会计的形成与发展

(一) 管理会计的萌芽期(20 世纪 30 年代以前)

管理会计的起源可以追溯到受产业革命影响而产生的层级式组织,层级式组织使经营和交易活动内部化,从而使内部产品缺乏相当的"市场价格",由此提出了既能满足衡量劳动效率、又能激励和评价管理者业绩的管理会计信息需求。

19 世纪中期,铁路和电报的发明,为大批量生产和分销提供了快速、正常而可靠的运输与通信服务。同时,铁路和电讯行业的内在要求又首先在这些行业引发了组织创新,使这两个行业成为最早出现现代大型企业的领域。铁路和电报的采用很快就引起了生产与行销方式的变革。使大批量生产和分销的工商企业应运而生。

19 世纪最后 20 年和 20 世纪初,管理会计技术进一步发展,且与科学管理运动相联系。20 世纪初期,集权功能式企业体制(U 形组织结构)开始出现,为管理会计系统的进一步创新提供了机会。

20 世纪 20 年代事业部制(M 形组织结构)开始出现。事业部制的目的,在于克服集权功能式企业体制存在的两个弱点:垂直整合公司的复杂性和经营管理人员对所有者的目标漠不关心。

（二）管理会计的成长期(20世纪30—80年代中期)

20世纪30年代以后，美国因证券市场及财务会计与注册会计师审计制度兴起，成本会计制度（管理会计的前身）与信息渐渐和管理脱节，变成财务会计的附属品，而丧失了与管理计划、控制、决策的相关性。在此情况下成本会计的主要目的不是为了成本管理，而是为了满足对外财务报告的需要。为了对外报告的需要，成本会计侧重于成本汇集、分配和产品成本的计算。

第二次世界大战后，资本主义经济得到迅速发展，日新月异的科学技术大规模应用于生产，资本进一步集中，在此情况下，成本分配目的在于满足内部决策和控制，而不是为了对外财务报告的需要。

20世纪50年代，除管理科学、组织理论、行为科学等对管理会计产生一定的影响外，作为现代微观经济学核心的新古典经济学，尤其是边际原理对管理会计起了重要影响，并由此使短期经营决策的经营效益分析评价的原理和方法得到进一步的丰富和发展。另外，由于数理经济学家的加入，使运筹学在50年代得到了空前发展，并对管理会计产生了影响。

60年代末期开始，由于受统计决策理论和不确定条件下的经济学研究成果的影响，西方管理会计学者开始对以新古典经济学为基础的管理会计进行重新检讨，并逐步放松了管理会计原有的基本假定，将不确定因素和信息成本概念引入管理会计，进而开始将信息经济学、代理人说和行为科学等引入管理会计的研究中来，使管理会计的研究领域进一步拓宽。

（三）管理会计的反思期(20世纪80年代中期至今)

自20世纪80年代中期以来，社会经济环境发生了巨大变化。其总体特征表现为：第一，生产顾客化；第二，竞争的国际化；第三，变化常态化。随着经济的发展、科学技术的进步和竞争的加剧，变化已经成为常态，它变得非常普遍而持续不断，而且变化的速度也大大提高，使企业生产组织和生产管理显示出许多革命性的变革，适时生产系统(Just-In-Time Production System)、全面质量管理(TQC)等新观念、新理论和新方法相继形成，这就对作为管理的重要工具的会计提出了新的挑战。人们开始研究生产技术、生产组织的重大变革对管理会计的影响。作业成本计算法、作业管理、质量成本计算与管理、人力资源管理会计等新的研究领域开始得到人们的重视和研究。

三、管理会计的基本特征

管理会计和财务会计是现代企业会计的两大分支，两者之间存在着密切的联系。但是，与财务会计相比较，管理会计具有下一些显著特征。

(1) 侧重于为企业内部的经营管理服务。
(2) 方式方法更为灵活多样。
(3) 同时兼顾企业生产经营的全局与局部两个方面。
(4) 面向未来。
(5) 数学方法的广泛应用。

四、管理会计的基本理论

（一）管理会计的目标

管理会计应实现以下两个目标：

（1）为管理和决策提供信息。管理会计应向各级管理人员提供以下经选择和加工的信息：①与计划、评价和控制企业经营活动有关的各类信息；②与维护企业资产安全、完整及资源有效利用有关的各类信息；③与股东、债权人及其他企业外部利益关系者的决策有关的信息。

（2）参与企业的经营管理。

（二）管理会计的基本假设

（1）会计主体分层假设。

（2）持续经营假设。

（3）灵活分期假设。

（4）货币与非货币计量假设。

（5）经济利润最大化假设。

（三）管理会计的对象

1. 现金流动论

从内容上看，现金流动贯穿于管理会计各章的始终，表现在预测、决策、预算、控制、考核、评价等各个环节。通过现金流动，可以把企业生产经营中的资金、成本、利润等几方面联系起来进行统一评价，为改善生产经营、提高经济效益提供重要的、综合性的信息。现金流动具有最大的综合性和敏感性，可以在预测、决策、预算、控制、考核、评价等各个环节发挥积极能动作用。

2. 价值差量论

现代管理会计的基本内容包括成本性态与变动成本计算、盈亏分界点与本量利分析、经营决策的分析与评价、资本支出决策的分析与评价、标准成本系统、责任会计等方面，而价值差量是对每一项内容进行研究的基本方法，并能贯彻始终。

3. 资金总运动论

管理会计的对象是以企业及所属各级过去、现在和将来的资金总运动。把资金总运动作为管理会计的对象，与管理会计的实践及历史发展相吻合。

（四）管理会计的信息质量特征

1. 相关性

相关性是指管理会计所提供的信息与管理当局的决策相联系，有助于提高人们决策能力的特性。

2. 及时性

及时性是指管理会计必须为管理当局的决策提供最为及时、迅速的信息。

3. 准确性

准确性是指管理会计所提供的信息在有效使用范围之内必须是正确的。不正确的信息会导致管理当局的决策失误。

4. 简明性

会计信息的价值在于对决策有用,而简明性是指管理会计所提供的信息不论在内容还是在形式上,都应简单明确,易于理解。

5. 成本-效益平衡性

取得信息要花费一定的代价,因此,必须将形成、使用一种信息所花费的代价与其在决策和控制上所取得的效果进行具体对比分析,借以确定在信息的形成、使用上怎样以较小的代价取得较大的效果。不论信息有多重要,只要其成本超过其所得,就不应形成、使用这一信息。

(五) 管理会计的职能

1. 参与企业的经营管理决策

经营管理决策根据其性质可以分为长期决策和短期决策两类。对各种决策方案进行正确的分析与评价是管理会计的一项重要职能。

2. 为经营管理决策提供可靠的数据

管理会计的另一重要职能就是为经营管理决策提供可靠的数据,包括会计凭证、账簿和报表的有关数据以及其他非货币指标。它和传统会计的不同之处在于对这些数据的整理与分类,要根据管理目标采取一些特定的方法。

3. 为执行决策进行控制与考核

为了保证管理目标的实现,应该制定相应的计划、控制与考核制度。控制是指对组织内各部门和各个环节在执行其职能中所进行的监督,以保证组织有效地发挥其功能,取得最大的经济效果。考核是衡量各部门业务成果的会计技术,衡量任何部门的业务成果都要归结为经济效益的指标。

五、管理会计职业和职业道德

职业管理会计师(CMA)已和注册会计师(CPA)一样得到社会的公认。管理会计人员在对其服务机构——专业团体、公众及其本身履行职责时,必须遵循职业道德标准。这一道德标准由技能、保密、廉正、客观性四个部分组成。管理会计师必须遵循这一标准,不得从事违反这些标准的行为,也不得听任其他人员违反这些规则。

关 键 概 念

1. 管理会计
2. 财务会计
3. 管理会计循环
4. 管理会计信息质量特征
5. 管理会计职能
6. 资本总运动论

练 习 题

一、单项选择题

1. 与传统的财务会计相对立概念而存在的是（　　）。
   A. 现代会计　　　　　　　　B. 企业会计
   C. 成本会计学　　　　　　　D. 管理会计

2. 下列说法正确的是（　　）。
   A. 管理会计是对外报告会计
   B. 财务会计是对内报告会计
   C. 管理会计是经营管理型会计，财务会计是报账型会计
   D. 财务会计是经营管理型会计，管理会计是报账型会计

3. 会计人员有许多专业称号，一种叫作注册会计师(CPA)，另一种叫作注册管理会计师(CMA)，前者侧重于民间审计方面的工作，后者侧重于（　　）方面的工作。
   A. 内部审计　　　　　　　　B. 财务会计
   C. 管理会计　　　　　　　　D. 内部控制

4. 管理会计的服务对象侧重于（　　）。
   A. 投资人　　　　　　　　　B. 内部管理人员
   C. 债权人　　　　　　　　　D. 政府机关

5. 划分传统管理会计和现代管理会计两个阶段时间标志的是（　　）。
   A. 19世纪90年代　　　　　　B. 20世纪30年代
   C. 20世纪50年代　　　　　　D. 20世纪80年代

6. 在现代企业会计系统中，管理会计又可称为（　　）。
   A. 经营型会计　　　　　　　B. 报账型会计
   C. 责任会计　　　　　　　　D. 外部会计

7. 管理会计与财务会计基本上是同源的，它们的分流主要是从（　　）环节开始。
   A. 算账　　　　　　　　　　B. 计划
   C. 决策　　　　　　　　　　D. 预算

8. 管理会计与财务会计的关系是（　　）。
   A. 起源相同，目标不同　　　B. 目标相同，基本信息同源
   C. 基本信息不同源，服务对象交叉　　D. 服务对象交叉，概念相同

9. 如果某项管理会计信息同时满足了相关性和可靠性的要求，那么我们可以断定该信息在质量上符合（　　）。
   A. 真实性原则　　　　　　　B. 灵活性原则
   C. 及时性原则　　　　　　　D. 决策有用性原则

10. 管理会计假设中，为保证管理会计的计划、控制、决策与业绩评价等各项工作所使用的专门方法保持稳定、有效的假设是（　　）。

A. 会计主体分层假设   B. 持续经营假设
  C. 灵活分期假设   D. 经济利润最大化假设

11. 在西方国家,企业内部的管理会计部门属于(　　)。
  A. 生产部门   B. 服务部门
  C. 非会计部门   D. 领导部门

12. 能够作为管理会计原始雏形的标志之一,是于20世纪初在美国出现的(　　)。
  A. 责任会计   B. 预测决策会计
  C. 科学管理理论   D. 标准成本计算制度

13. 管理会计人员职业道德标准的构成是(　　)。
  A. 技能、独立、客观、保密   B. 技能、公正、客观、廉正
  C. 公正、客观、廉正、保密   D. 技能、保密、廉正、客观

二、多项选择题

1. 管理会计报告系统建立中要处理好管理会计报告与(　　)的关系。
  A. 财务会计报告   B. 业绩评价
  C. 管理信息系统   D. 预算报表

2. 管理会计的对象是管理会计所要关注的基本内容,目前,对于管理会计的对象有不同的表述,包括(　　)。
  A. 现金流动论   B. 价值运动论
  C. 资金总运动论   D. 价值差量论

3. 一般而言,除财务会计四大假设之外,管理会计还应建立如下基本假设(　　)。
  A. 资本增值假设   B. 风险价值可计量假设
  C. 货币时间价值假设   D. 成本习性假设

4. 管理会计的信息质量特征除了相关性和及时性之外还包括(　　)。
  A. 准确性   B. 简明性
  C. 全面性   D. 成本效益平衡性

5. 下列选项中,属于管理会计职能的有(　　)。
  A. 预测经济前景
  B. 参与经济决策
  C. 规划经营目标
  D. 控制经济活动,考核评价经营业绩

6. 现代管理会计的内容有(　　)。
  A. 预测决策会计   B. 规划控制会计
  C. 成本会计   D. 预算会计

7. 现代管理会计的发展阶段包括(　　)。
  A. 萌芽期   B. 成长期
  C. 成熟期   D. 反思期

8. 自20世纪80年代中期以来,社会经济环境发生了巨大变化,总体特征表现为(   )。
   A. 生产顾客化	B. 竞争国际化
   C. 变化常态化	D. 生产批量化
9. 关于管理会计的表述,以下说法正确的是(   )。
   A. 工作程序较差	B. 可提供未来信息
   C. 以责任单位为主体	D. 重视管理过程和职工的作用
10. 现代管理会计的特点(   )。
    A. 侧重于为企业内部的经营管理服务
    B. 方式方法更为灵活多样及数学方法的广泛应用
    C. 兼顾全局和局部
    D. 面向未来
11. 在以预测、决策为基本特征的管理会计阶段,管理会计的主要内容包括(   )。
    A. 预测	B. 控制
    C. 预算	D. 决策、考核和评价
12. 下列哪些属于预测与决策会计的范畴(   )。
    A. 销售预测	B. 成本预测
    C. 生产决策	D. 定价决策

三、判断题

1. 管理会计既能够提供价值信息,又能够提供非价值信息;既提供定量信息,又能够提供定性信息;既提供部分的、有选择的信息,又提供全面的、系统的信息。(   )
2. 在广义管理会计的范围内,管理会计既包括财务会计,又包括成本会计和财务管理。(   )
3. 管理会计的计量基础不是历史成本,而是现行成本或未来现金流量。(   )
4. 既然企业会计中包括财务会计和管理会计两个分支,那么我国颁布的《企业会计准则》同样适用于管理会计。(   )
5. 管理会计与财务会计相比,管理会计的职能倾向于对未来预测、决策和规划;财务会计的职能侧重于核算和监督。(   )
6. 在准确性和及时性之间,管理会计更重视准确性。(   )
7. 管理会计的职能是客观的,但它的作用大小却受到人的主观能动性影响。(   )
8. 财务会计所用的方法,是属于描述性的方法,重点放在如何全面、系统地反映企业的生产经营活动。(   )
9. 现代管理会计是以现代管理科学为基础的综合性交叉学科。(   )
10. 现代管理会计是管理信息系统的一个子系统,是决策支持系统的重要组成部分。(   )

四、简答题

1. 怎样理解管理会计的定义。
2. 简述管理会计的信息质量特征。
3. 与财务会计相比,管理会计有哪些特征?
4. 管理会计的目标是什么?为了实现管理会计目标,在管理会计报告系统建立中应处理好哪些关系?
5. 管理会计是怎样形成和发展的?怎样认识它同现代管理科学的关系?

案 例 分 析

宝钢股份"五位一体"的管理会计应用

宝钢集团于1978年打下第一根桩,经过30多年的发展,已经成为我国现代化程度最高、最具竞争力的钢铁联合企业。在发展过程中,宝钢集团紧密结合企业生产经营实际,积极进行管理创新和技术改进,在管理会计的诸多领域,进行了成功的实践。

1993年至1994年,宝钢初步形成了预算体系,编制了第一本年度预算;1996年,宝钢正式实行标准成本制度。宝钢坚持企业管理以财务管理为中心、财务管理以资金管理为中心,并以企业价值最大化为终极目标,不断加强和改进财务管理,逐步形成了以企业价值最大化为导向、以全面预算管理为基本方法、以标准成本管理为基础、以现金流量控制为核心、以信息化技术为支撑的"五位一体"全面财务管理控制体系。

宝钢管理会计的实践大致可以分为以下三个阶段:

一、以基层管理为主、全面预算管理酝酿阶段(1985—1992年)

宝钢诞生于我国改革开放的历史转折时期。适应历史潮流,宝钢在建设初期就从国外引进先进的成套技术、设备和管理软件。1985年投产伊始,集团就从日本引进作业长制,采用"以作业长制为中心、以计划值管理为目标、以设备点检定修制为重点、以标准化作业为准绳、以自主管理为基础"的五制配套管理模式,来适应连续化、自动化生产管理需要。

1991年,宝钢二期工程顺利建成,集团的规模不断扩大,但是随之也出现了诸如功能庞大、机构众多、资源配置机制复杂、管理中心分散等管理问题,并且随着市场经济改革的不断深化,信息技术在经济中的比重加深,企业面临一种全新的竞争环境,企业原有的作业长制管理模式倾向关注企业基层管理,缺乏战略管理观念,已经很难保证各部门按照企业总体意图经营管理,要保证设备高质、高效运转更是不可能。

集团急需建立与市场经济体制相适应的管理体制,来提高企业的市场竞争力。此时,决策层正式提出管理要以财务为中心,确立了财务管理的中心地位,全面预算管理势在必行。

二、全面预算管理和标准成本应用发展阶段(1993—1999年)

1993年初,宝钢财务部设置了经营预算部门,正式开始全面预算"演习",在总结预算管理推行经验的基础上,1994年,正式推行全面预算管理。

在全面预算管理开展的同时,宝钢自筹资金进行的三期工程也开始建设。随着企业发展规模的不断扩大,一般的分批结转制度已经很难适应企业的发展规模和速度。宝钢是高度自动化、连续化的钢铁生产企业,各项消耗指标趋于稳定,具备了标准成本管理制度的条件。为了适应企业发展需求,更好地构建全面预算管理的基础,宝钢集团决定于1996年1月1日正式实行标准成本管理制度,并形成了一套完整的成本控制体系。

1997年,宝钢集团与IBM合作,开发了产、销、存一体化的管理信息系统,实现了全部生产过程的计算机控制。该系统全面确立了以用户为主的开发理念及开发方法,建立了以财务为中心的业务整合管理理念,大大增强了宝钢管理系统的实力。

1998年,宝钢与上钢、梅山钢铁联合重组。重组之后,宝钢集团确立了明确的战略目标,并在目标导向下,在整个集团推进全面预算管理。经过七年的探索和改进,以全面预算管理为基础的管理方法已成为各个子公司生产、经营、管理的重要控制手段,很多钢铁子公司也形成了各具特色的、符合各自内部生产经营特点的预算管理模式。

三、全面财务管理体系成熟阶段(2000年以后)

2000年6月,宝钢三期工程全面建成。经过三期工程的建设,宝钢总体工艺技术及装备都达到较高水平,成本优势明显,企业盈利能力达到世界先进水平。此时,宝钢提出了精益化管理的设想。

经过不断地探索和改进,到2003年,宝钢已经形成了一套具有其自身特色的、以企业价值最大化为导向、以全面预算管理为基本方法、以标准成本管理为基础、以现金流量控制为核心、以信息化技术为支撑的全面财务管理控制体系。

宝钢的全面财务管理控制体系具有以下五大特点:

1. 以企业价值最大化为导向

随着发展阶段的更替,宝钢的价值观从一开始的追求企业产值最大化转为追求利润最大化,并最终转变为追求企业价值最大化,形成了集团的核心价值观,即追求为股东、用户、员工、社会及有关利益相关者持续不断创造价值,促使各利益相关者协调平衡、共同发展,使整个供应链价值最大,最终实现企业价值最大化。

宝钢确立了核心价值观,集团各个企业和部门都以企业价值最大化为基本导向来开展业务活动、评判工作业绩,形成了企业价值创造的良性循环。

2. 以全面预算管理为基本方法

宝钢推行全面预算管理经历了三个阶段:1993年至1994年,预算管理体系初步形成,企业设置了经营预算管理部门,并编制了第一本年度预算;1994年至1999年,预算管理逐步规范完善,这一阶段通过完善相关预算管理制度和预算管理技术,推出了月度执行预算,形成了规范的预算管理模式,丰富预算蓝本内容;2000年以后,集团进入战略目标引导下的预算管理阶段,编制了第一本经营规划,以企业的战略目标为起点,以年度预算为控制目标,以滚动预算为控制手段,逐步完善预算信息化平台。

宝钢通过架构全面预算管理体系,将企业所有涉及现金和财务的活动都纳入预算管理,从投资、采购、生产到销售的每一个环节都置于预算控制之中。通过具体的预算编制、预算执行,将集团的整体经营目标进行分解,落实到具体的业务部门,再通过预算分析和控制,来监控各项业务活动的开展与绩效,确保整体经济活动的有效进行。

宝钢已经形成了以经营计划为导向,年度预算为控制目标,滚动执行预算为控制手段,覆盖公司生产、销售、投资、研发的全面预算管理体系。

3. 以标准成本管理为基础

宝钢建立了内部严密、科学的标准成本制度,通过对成本中心各项成本指标及成本动因的细化分析,制定相应的成本标准,运用标准与实际对比揭示分析差异,实施对成本事前、事中和事后的全过程控制;通过成本中心成本绩效衡量,着力于成本改善,并运用成本标准服务于经营决策的成本管理体系;以标准成本推进管理创新和技术进步,实现成本的持续改良和全过程控制,提升产品的成本竞争力。

标准成本在国外的工业企业中应用广泛,也积累了丰富的实践经验,但是我国企业在引进标准成本的过程中操作性很差。作为我国早期尝试实施标准成本法的大型企业,宝钢能够成功将其付诸实践,与其企业整体管理模式密切相关。

宝钢在建厂初期,在对"新日铁"的标准化作业进行提炼的基础上,形成了符合企业特点的标准化作业管理模式,将生产经营各个方面(包括管理方法、时间标准、工作程序、礼仪服装等)予以标准化,为后来的标准成本管理奠定了实施基础。另外,宝钢基层管理模式中的作业长制和计划值管理,也使宝钢可以对经营指标进行明确分解和定责,并能进行实时跟踪和优化,有效推动了标准成本管理的顺利开展。

4. 以现金流量控制为核心

企业管理的核心是财务管理,财务管理的核心是资金管理。宝钢以财务管理为核心的全面预算管理,重要的控制核心就是对现金流量的控制。

宝钢实行资金集中统一管理,即统一融资权、统一调度、统一协调金融机构进行规模资金保值增值运作;通过对现金流量的监控,实施动态管理,促使各项业务活动与企业整体经营目标趋同。通过细化年度现金流量预算,提高资金预算执行精度,使资金使用和调度计划紧密结合,提高资金调度的及时和准确。宝钢还建立了一系列管理制度,减少资金占用,提高资金使用效率;控制应收账款风险,强化货款回笼,保证企业充足的现金流量。

5. 以信息化技术为支撑

为适应信息经济时代的管理要求,宝钢吸取国际先进信息化建设理念,于1997年与IBM合作,投资1700万美元引进ATM设备,开发集销售管理、质量管理、生产管理、出厂管理、成本管理、统计管理和会计管理于一体的管理信息系统,实现了全部生产过程的计算机控制。信息系统的建立，使集团能够对各项成本、费用等指标进行动态跟踪，随时掌握资金流向和流量，对全面预算的执行情况进行动态的分析。

该系统能快速反映企业的运作结果，并将结果反馈到各业务部门，促使业务不断优化整合，最终形成了PDCA管理控制循环，构成了宝钢完整的现代化财务控制体系，极大地提升了企业的价值创造能力。

思考：你对管理会计的创新应用有何感想，对于未来管理会计发展有何想法。

练习题答案

一、单项选择题

1. D　2. C　3. C　4. B　5. C　6. A　7. A　8. B　9. D　10. B　11. B　12. D　13. D

二、多项选择题

1. ABCD　2. ACD　3. BCD　4. ABD　5. ABCD　6. AB　7. ABD　8. ABC　9. ABCD　10. ABCD　11. ABCD　12. ABCD

三、判断题

1. √　2. √　3. ×　4. ×　5. √　6. ×　7. √　8. √　9. √　10. √

四、简答题

1. 基于国内外有关管理会计的定义，管理会计的概念可以从广义和狭义两方面去理解：广义的管理会计是指用于概括现代会计系统中区别于传统会计，直接体现预测、决策、规划、控制和责任考核评价等会计管理职能的那部分内容的一个范畴。这个概念既适用于揭示目前得到公认的微观管理会计的本质，又可以反映正在形成的宏观管理会计和国际管理会计的一般特征。狭义管理会计是指以强化企业内部经营管理，实现最佳经济效益为目的，以现代企业经济活动为对象，通过对财务信息的深加工和再利用，实现最经济过程的预测、决策、规划、控制和责任考核评价等职能的一个会计分支。它是一种侧重于在现代企业内部经营管理中直接发挥作用的会计，同时又是企业管理的重要组成部分。

2. （1）相关性。相关性是指管理会计所提供的信息与管理当局的决策相联系、有助于提高人们决策能力的特性。

（2）及时性。及时性是指管理会计必须为管理当局的决策提供最为及时、迅速的信息。只有及时的信息，才有助于管理当局作出正确的决策；反之，过时的信息将会导致决策的失误。

（3）准确性。准确性是指管理会计所提供的信息在有效使用范围之内必须是正确的。不正确的信息会导致管理当局的决策失误。

（4）简明性。会计信息的价值在于对决策有用。而简明性是指管理会计所提供的信息，不论在内容还是在形式上，都应简单明确，易于理解。

(5) 成本-效益平衡性。取得信息要花费一定的代价，因此，必须将形成、使用一种信息所花费的代价与其在决策和控制上所取得的效果进行具体对比分析，借以确定在信息的形成、使用上怎样以较小的代价取得较大的效果。不论信息有多重要，只要其成本超过其所得，就不应形成、使用这一信息。

3. (1) 侧重于为企业内部的经营管理服务。从完整的意义上说，财务会计首先同时是管理会计（广义的管理会计）。它服务于企业管理，是以整个企业作为一个整体，提供集中、概括性的资料，为企业的高阶层领导者服务。从狭义的管理会计来看，管理会计虽侧重于直接为企业内部的各级经理人员服务，实际上它也是同时为企业外部的投资人、债权人等服务的。所以，不能笼统地说，管理会计与财务会计各具有截然不同的服务对象，只是对内、对外各有不同的侧重面而已。

(2) 方式方法更为灵活多样。管理会计不同于财务会计，它主要是为企业内部改善经营管理提供有用资料，在许多方面（不是所有方面）可以不受"公认会计原则"的制约，结构比较松散，领域更加广阔，方式方法也更加灵活而多样。可以说财务会计与管理会计是同源分流的。它们的分流，主要是从算账这个环节开始的，管理会计以灵活而多样的形式对财务会计的有关资料进行加工、改制和延伸，各种经营方案经济效果的分析对比，为编制预算所作的加工计算和汇总等，都属于算账的范围。

(3) 同时兼顾企业生产经营的全局与局部两个方面。财务会计主要是以企业作为一个整体，提供集中、概括性的资料，来综合评价、考核企业的财务状况和经营成果。管理会计则不然，它为了更好地服务于企业的经营管理，必须同时兼顾企业生产经营的全局与局部两个方面。也就是说，它既要从整个企业的全局出发来考虑、观察和处理问题，也要从企业的各局部出发来考虑、观察和处理问题，二者不可偏废。

(4) 面向未来。财务会计一般只反映实际已完成的事项，侧重于对企业的生产经营活动作历史性的描述。描述过去，是财务会计的一个重要的特点。管理会计则不然，它为了有效地服务于企业内部的经营管理，必须面向未来。以决策为基础，正确地进行各项计划（预算）的编制，也是管理会计的一项重要内容。管理会计既使用历史数据，也使用各种预估数据，经过科学的加工、改制，来协助管理人员对未来的业务进行筹划，把工作做在前头。从描述过去扩展到筹划未来，这是会计着重点的重大变化，也是现代管理会计的一个重要特点。

(5) 数学方法的广泛应用。财务会计也要应用一些数学方法，但范围比较小，一般只涉及初等数学。而管理会计为了在现代化的管理中能更好地发挥其积极作用，已经越来越广泛地应用了许多现代数学方法。以数学来武装管理会计，主要就是把运筹学所提供的一些现代数学方法吸收、结合到会计中来，尽可能地把复杂的经济活动用简明而精确的数学模型表述出来，并利用数学方法对所掌握的有关数据进行科学的加工处理，以揭示有关对象之间的内在联系和最优数量关系，具体掌握有关变量联系，变化的客观规律，以便为管理人员正确地进行经营决策选择最优方案和有效地改善生产经营，提供客观依据。

4. 管理会计的目标是强化企业内部经营管理，提高经济效益服务，运用一系列专门的方式方法，收集汇总、分析和报告各种经济信息，借以进行预测和决策，制定计划，对经营业务进行控制,并对业绩进行评价,以保证企业改善经营管理,提高经济效益。

应处理好以下关系:(1)管理会计报告与财务会计报告的关系;(2)管理会计报告与预算报表的关系;(3)管理会计报告与业绩评价的关系;(4)管理会计报告与管理信息系统的关系。

5. 管理会计是从传统、单一的会计系统中分离出来,成为与财务会计并列并独立的学科。它的形成和发展,大致上可以分为两个大的阶段。

（1）执行性管理会计阶段执行性管理会计是以科学管理学说为基础形成的会计信息系统,主要包括"标准成本""差异分析""预算控制"等方面。它把事先计算引入会计系统,实行事先计算、事中控制、事后分析相结合,为会计直接服务于企业管理开创了新路,可以更好地为提高企业生产和工作效率,实现成本最低化服务。但它是局部性、执行性的管理会计,仍处于管理会计发展历程中的初级阶段。

（2）决策性管理会计阶段决策性管理会计是以现代管理科学为基础形成的会计信息系统。它把为企业正确地进行生产经营决策提供服务放在首位,按照最优化的要求,为企业的生产经营活动进行科学的预测、决策、计划和控制,促使企业的生产经营实现最优运转,为最大限度地提高经济效益服务。它是一种全局性的,以服务于企业提高经济效益为核心的决策性管理会计。它包含了执行性管理会计,但无论从广度上还是从深度上都发展了执行性管理会计,从而跨入现代管理会计阶段。现代管理科学的形成和发展,对现代管理会计的形成与发展,在理论上起着奠基和指导作用,在方法上赋予它现代化的管理方法和技术,使它的面貌焕然一新。一方面,丰富和发展了其早期形成的一些技术方法;另一方面,又大量吸收了现代管理科学中运筹学、行为科学等方面的研究成果,把它们引进、应用到会计中来,形成了新的与管理现代化相适应的会计信息系统。

案例分析答案

公司逐步形成一套适应企业自身生产经营管理需要的财务控制体系。财务管理模式变革和手段创新的本质在于提升解决问题的能力,要结合外部环境、企业组织及其管理活动因地制宜地研究管理会计创新实践,原有被证明行之有效的模式与做法不能简单放弃。未来的发展也要结合大数据模式发展,以面对经济环境的不断变化。

第二章　成本性态分析与变动成本法

重点与难点

一、成本性态分析

（一）成本性态的意义

1. 成本性态的含义

成本性态是指成本总额与特定业务量之间在数量方面的依存关系,又称为成本习性。

业务量是指企业在一定的生产经营期内投入或完成的经营工作量的统称。

成本总额主要是指为取得营业收入而发生的营业成本费用,包括全部生产成本和销售费用、管理费用及财务费用等非生产成本。

全部成本按其性态分类可分为固定成本、变动成本和混合成本三大类。

2. 成本性态的意义

（1）成本性态分析是采用变动成本计算法的前提条件。

（2）成本性态分析为进行成本-产量-利润之间相互依存关系的分析提供了便利。

（3）成本性态分析是正确制定经营决策的基础。

（二）成本按其性态分类

1. 固定成本

固定成本是指在一定条件下,其总额不随业务量发生任何数额变化的那部分成本。如：房屋设备租赁费、保险费、广告费、不动产税费、按直线法计提的固定资产折旧费,管理人员薪金等。

固定成本按其是否受管理当局短期决策行为的影响,又可进一步细分为约束性固定成本和酌量性固定成本两类。

（1）约束性固定成本,主要是属于经营能力成本,它是和整个企业经营能力的形成及正常维护直接相联系的,对这类成本只能从合理充分利用其创造的生产经营能力的角度着手,提高产品产量,相对降低其单位成本。

（2）酌量性固定成本,是企业根据经营方针,由管理当局确定某一期间的预算额而形成的固定成本,对于这类成本可以从降低绝对额的角度考虑,在不影响生产经营的前提下尽量减少它们的支出总额。

2. 变动成本

变动成本是指在一定条件下，其总额随业务量呈正比例变化的那部分成本。如：直接材料、直接人工、按销售量支付的销售佣金等。

变动成本可根据其发生的原因进一步分为技术性变动成本和酌量性变动成本。

（1）技术性变动成本，是指单位成本中由客观因素决定，消耗量由技术因素决定的那部分变动成本。

（2）酌量性变动成本，是指单位成本中受管理当局决策影响的那部分变动成本。

3. 混合成本

混合成本是指成本总额受业务量变动的影响，但其变动幅度又不成正比例的那部分成本。这类成本同时包括固定成本和变动成本两种因素。

（三）混合成本的分解

分解混合成本的方法通常有：历史成本分析法，工程研究法，账户分类法和合同认定法。

1. 历史成本分析法

历史成本分析法正是根据只要企业生产流程不发生重大变化，根据过去的生产经验，就可以较准确地预计未来成本随产量变化而变化的情况的原理，通过对历史成本数据的分析，依据以前各期实际成本与产量间的依存关系，来推算一定期间固定成本和单位变动成本的平均值，并以此来确定所估算的未来成本。

历史成本分析法又可具体分为高低点法、散布图法和回归直线法三种。

（1）高低点法。是指以某一时期内的最高点产量的混合成本与最低点产量的混合成本之差除以最高点产量与最低点产量之差，首先计算出单位变动成本的值，然后再据以把混合成本中的变动部分和固定部分解出来的一种方法。

（2）散布图法。是指将所观察的历史数据在坐标纸上作图，据以确定混合成本中的固定成本和变动成本占多少的一种方法。

（3）回归直线法。亦称最小二乘法，它是根据若干期产量和成本的历史资料，运用最小二乘法公式将某项混合成本分解为变动成本和固定成本的方法。

2. 工程研究法

工程研究法，又称技术测定法，它是由工程技术人员通过某种技术方法测定正常生产流程中投入-产出之间的规律性的联系，以便逐项研究决定成本高低的每个因素，并在此基础上直接估算出固定成本和单位变动成本的一种方法。

工程研究法的优势在于：工程研究法不仅可以对现有的生产程序进行测定，而且还可以将所有生产活动和辅助生产活动进行详细分析，以寻求改进工作的途径，找出最经济、最有效的程序和方法，使产品制造、工作效率和资源利用达到最优的效果。

其不足之处在于：(1)工程研究所花代价太高。(2)由于其所依赖的投入-产出关系只存在于生产过程中的直接消耗部分，因而对于不能直接把成本归属于特定的投入-产出的，或者不能单独进行观察的联合过程，如各种间接成本，就不能使用这种方法。

3. 账户分类法

账户分类法是根据各有关成本账户（包括明细账）的内容，结合其与产量的依存关系，判断其比较接近哪一类成本，就视其为哪一类成本。

该方法具有简便易行的显著优点，而且其计算结果也不像其他方法那样抽象，可以具体了解固定成本、变动成本包括的项目是哪些。如果实际总成本发生超支，还可据此进一步查明原因。因此，这种方法在实际工作中得到广泛的运用。

但使用这一方法，需要分析人员作出一定的主观判断，因而它不可避免地带有以下几个方面的局限性：①该方法在确定成本性态时，仅仅依赖于某一产量水平下的一次观测值，无法反映成本随着产量变动的波动情况。因而据以进行的成本分解不一定能符合客观实际情况。②该方法在很大程度上取决于我们对某一账户成本性态的主观判断。

4. 合同认定法

它是根据企业与供应单位签订的各种合同、契约以及企业内部既定的各种管理和核算制度中所明确规定的计费方法，分别确定哪些费用属于固定成本，哪些费用属于变动成本。所以这种方法特别适用于有明确计算方法的各种初始量变动成本，如电费、水费、煤气费、电话费等各项公用事业费。

（四）成本性态分析的意义及存在的问题

1. 成本性态分析的意义

（1）成本性态分析是采用变动成本计算法的前提条件。

（2）成本性态分析，为进行成本-产量-利润之间相互依存关系的分析，提供了方便。

（3）成本性态分析，是正确制定经营决策的基础。

2. 成本性态分析存在的问题

（1）"相关范围"的限定有局限性。

（2）"成本与产量之间完全线性联系"的假定，不可能完全切合实际。

二、变动成本法

变动成本法是指在组织常规的产品成本计算过程中，以成本性态分析为前提，只将变动生产成本作为产品成本的构成内容，而将固定生产成本及非生产成本作为期间成本，按贡献式损益确定程序计算损益的一种成本计算模式。

（一）变动成本法与完全成本法的区别

1. 产品成本组成不同

两种成本计算法，在产品成本组成项目上不同。

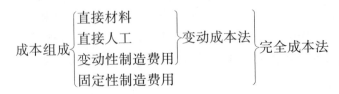

2. 在"产成品"与"在产品"存货估价方面的区别

采用完全成本法时,由于它将全部的生产成本(包括变动的和固定的生产成本)在已销产品、库存产成品和在产品之间分摊,所以期末产成品和在产品存货中不仅包含了变动的生产成本,而且还需要包含一部分的固定成本。

采用变动成本法时,由于只将变动生产成本在已销产品、库存产品和在产品之间进行分配,固定成本没有结转至下期,全额直接从当期销售中扣除,所以期末产成品和在产品存货并没有负担固定成本,其金额必然低于完全成本法时的估价。

3. 在盈亏计算方面的区别

由于两种成本计算方法对固定成本的处理不同,所以对期间损益的影响也就不同了。存在三种情况:

(1) 产销平衡的情况。在产销平衡的情况下,两种成本计算方式所确定的期间损益是相同的。即当本期生产量等于销售量时,按完全成本法确定的净收益＝按变动成本法所确定的净收益。

(2) 本期生产量大于销售量的情况。当本期生产量大于销售量时,按完全成本法所确定的净收益大于按变动成本法所确定的净收益。

(3) 本期生产量小于销售量的情况。当本期的生产量小于销售量时,按完全成本法所确定的净收益小于按变动成本法所确定的净收益。

(二) 对变动成本法与完全成本法的评价

1. 对完全成本法的评价

采用完全成本法的优点是可以鼓励企业提高产品生产的积极性。因为产量越大,单位产品分摊的固定成本会越少,从而单位产品成本随之降低。

但是这种成本计算法的最大缺陷是:按照这种方法为基础所计算的分期损益难以为管理部门所理解。这是因为在产品售价、成本不变的情况下,利润的多少理应和销售量的增减相一致,也就是销售量增加,利润也增加;反之,销售量减少,利润也应减少。可是,按完全成本计算,由于其中掺杂了人为的计算上的因素,使得利润的多少和销售量的增减不能保持相应的比例,因而不易为管理部门所理解,不便于为决策、控制和分析直接提供有关的资料。

2. 对变动成本法的评价

采用变动成本法的优点是:

(1) 所提供的成本资料能较好地符合企业生产经营的实际情况,易于为管理部门所理解和掌握。

(2) 能提供每种产品盈利能力的资料,有利于管理人员的决策分析。

(3) 便于分清各部门的经济责任,有利于进行成本控制与业绩评价。

(4) 简化了产品成本计算。

但是这种成本计算法也存在某些局限性,具体表现在:

(1) 变动成本法不符合传统的成本概念的要求。因为按照传统的观念,产品成本应该包括变动成本和固定成本。

(2) 所确定的成本数据不符合通用会计报表编制的要求。

(3) 所提供的成本资料较难适应长期决策的需要。

3. 为了既满足企业内部管理的需要，又满足对外提供会计报告的需要，企业可以根据自身特点做如下三种选择：

（1）完全成本法与变动成本法同时采用。企业在保存传统的完全成本法的计算程序同时，另外增设一套专门为企业内部管理提供会计信息的变动成本法计算程序，使两种成本计算方法在企业中并存。

（2）以完全成本法为基础，从中取得变动成本法所需资料程序。当企业内部进行预测、决策、计划和控制活动，需要有关会计资料时，利用现有的完全成本法的会计资料，将全部成本分解为变动成本和固定成本，运用变动成本法原理计算企业内部管理所需要的各种指标、数据。

（3）以变动成本法为基础，经调整后取得完全成本法所需资料。企业改变传统的成本计算程序，在平时只采用变动成本法，到了期末，根据变动成本法计算的营业利润进行调整，求出按全部成本计算出的营业利润。

关 键 概 念

1. 固定成本
2. 变动成本
3. 成本性态
4. 混合成本
5. 完全成本法
6. 变动成本法

练 习 题

一、单项选择题

1. 成本性态是指（　　）之间在数量的依存关系。
 A. 成本绝对量与相对量　　　　　　B. 成本实物量和空间量
 C. 成本时间量和空间量　　　　　　D. 成本总额与特定业务量

2. 按变动成本法确定的利润，不受（　　）的影响。
 A. 销售单价　　　　　　　　　　　B. 销售量
 C. 成本费用水平　　　　　　　　　D. 产量

3. 将全部成本分为固定成本、变动成本和混合成本所采用的分类依据（　　）。
 A. 成本核算目标　　　　　　　　　B. 成本的性态
 C. 成本的可辨认性　　　　　　　　D. 成本的经济用途

4. 在相同成本原始资料条件下，变动成本法计算下的单位产品成本比完全成本法计算下的单位产品成本(　　)。

　　A. 大　　　　　　B. 小　　　　　　C. 相同　　　　　　D. 无法确定

5. 下列各项中,能构成变动成本法产品成本内容的是(　　)。

　　A. 变动生产成本　　　　　　B. 变动成本

　　C. 固定成本　　　　　　　　D. 生产成本

6. 在变动成本法下,固定性制造费用应当列作(　　)。

　　A. 产品成本　　　　　　　　B. 期间成本

　　C. 变动成本　　　　　　　　D. 变动生产成本

7. 若本期完全成本法计算下的利润大于变动成本法计算下的利润,则(　　)。

　　A. 本期生产量大于本期销售量　　B. 本期生产量等于本期销售量

　　C. 期末存货量大于期初存货量　　D. 期末存货量小于期初存货量

8. 在 $Y=a+(\ )X$ 中,Y 表示总成本,a 表示固定成本,X 表示销售额,则 X 的系数应是(　　)。

　　A. 单位边际贡献　　　　　　B. 边际贡献率

　　C. 单位变动成本　　　　　　D. 变动成本率

9. 下列费用属于约束性固定成本的是(　　)。

　　A. 技术研发费　　B. 照明费　　C. 业务招待费　　D. 广告费

10. 下列混合成本可以用模型 $y=a+bx$ 表示的是(　　)。

　　A. 半固定成本　　　　　　　B. 半变动成本

　　C. 延伸变动成本　　　　　　D. 阶梯式变动成本

11. 在平面直角坐标图上,固定成本线是一条(　　)。

　　A. 以单位变动成本为斜率的直线

　　B. 反比例的曲线

　　C. 平行于 X 轴的直线

　　D. 平行于 Y 轴的直线

12. 在运用高低点分析法进行成本性态分析时,选择高低点坐标的依据是(　　)。

　　A. 最高的业务量

　　B. 最高的成本

　　C. 最高的业务量和最高的成本

　　D. 最高的业务量或最高的成本

13. 某企业成品库有固定员工 5 名,工资总额 5 000 元,当产量超过 5 000 件时就需要雇用临时工,临时工实行计件工资,每包装发运 1 件产品支付工资 2 元。则该企业成品库的人工成本属于(　　)。

　　A. 半变动成本　　　　　　　B. 阶梯式成本

　　C. 延期变动成本　　　　　　D. 曲线成本

14. 假设某公司生产的一种产品,每件产品消耗的直接材料为 12 元,直接人工为 10 元,变动制造费用为 5 元,固定制造费用为 2 元,若采用完全成本法,则每件产品的成本是(　　)。

A. 22元 B. 24元 C. 27元 D. 29元

15. 变动成本法的一项基本原则是:期间成本全部作为当期费用处理。这一程序所依据的理由是( )。
    A. 期间成本是不可控的,不应分配计入特定产品的成本
    B. 期间成本数量一般不大,若将其计入产品成本会得不偿失
    C. 期间成本的分配是武断的,会导致错误的管理决策
    D. 无论是否生产,期间成本都会发生,所以将其分配计入产品成本,将本期经营活动的成本予以递延是不恰当的

16. 造成某期按变动成本法与完全成本法确定的营业利润不等的根本原因是( )。
    A. 两种成本法对固定性制造费用的处理方式不同
    B. 两种成本法计入当期损益表的固定生产成本的水平不同
    C. 两种成本法计算收入的方式不同
    D. 两种成本法将营业费用计入损益表的方式不同

17. 在应用历史资料分析法进行成本性态分析时,必须首先确定 a,然后才能计算出 b 的方法是( )。
    A. 直接分析法 B. 散布图法
    C. 高低点法 D. 回归直线法

18. 两个可供选择的方案之间预期成本的差异是( )。
    A. 边际成本 B. 机会成本
    C. 变动成本 D. 差量成本

19. 变动成本法下,其利润表所提供的中间指标是( )。
    A. 贡献毛益 B. 营业利润
    C. 营业毛利 D. 期间成本

20. 如果某企业连续三年按变动成本法计算的营业利润分别为 10 000 元、12 000 元、11 000 元,则下列表述正确的是( )。
    A. 第三年的销售量最小 B. 第二年的销售量最大
    C. 第一年产量比第二年少 D. 第二年产量比第三年多

二、多项选择题

1. 下列各项中,属于成本按其可辨认性为标志进行分类结果的有( )。
    A. 间接成本 B. 加工成本
    C. 直接成本 D. 可控成本

2. 下列各项中,属于酌量性固定成本的有( )。
    A. 研究开发费用 B. 广告费
    C. 职工培训费 D. 保险费

3. 下列费用中,属于约束性固定成本的有( )。
    A. 折旧费 B. 保险费

C. 广告费 　　　　　　　　　　　D. 财产税
4. 全部成本按性态进行分析之后,可分为(　　)。
　　　A. 固定成本 　　　　　　　　　　B. 变动成本
　　　C. 混合成本 　　　　　　　　　　D. 期间成本
5. 固定成本具有(　　)的特点。
　　　A. 成本总额的不变性 　　　　　　B. 单位成本的反比例变动性
　　　C. 成本总额的正比例变动性 　　　D. 单位成本的不变性
6. 变动成本法下,产品成本包括(　　)。
　　　A. 直接人工 　　　　　　　　　　B. 变动销售及管理费用
　　　C. 变动制造费用 　　　　　　　　D. 直接材料
7. 在完全成本法下,期间费用应该包括(　　)。
　　　A. 管理费用 　　　　　　　　　　B. 变动性制造费用
　　　C. 固定性制造费用 　　　　　　　D. 销售费用
8. 分解混合成本的方法有(　　)。
　　　A. 高低点法 　　　　　　　　　　B. 散布图法
　　　C. 直线回归法 　　　　　　　　　D. 矩阵法
9. 在相关范围内,变动成本应当具备的特征有(　　)。
　　　A. 总额的不变性 　　　　　　　　B. 单位额的反比例变动
　　　C. 总额的正比例变动性 　　　　　D. 单位额的不变性
10. 采用高低点法分解混合成本时,应当选择(　　)作为低点和高点。
　　　A. (40,100) 　　　　　　　　　　B. (60,110)
　　　C. (40,110) 　　　　　　　　　　D. (70,130)
11. 混合成本可以分为(　　)。
　　　A. 半变动成本 　　　　　　　　　B. 半固定成本
　　　C. 延伸变动成本 　　　　　　　　D. 延伸固定成本
12. 下列属于变动成本法的特点(　　)。
　　　A. 强调生产环节对企业利润的贡献
　　　B. 强调不同的制造成本在补偿方式上存在的差异性
　　　C. 强调销售环节对企业利润的贡献
　　　D. 以成本性态分析为基础计算产品成本

三、判断题

1. 管理会计中的成本概念不强调成本发生的时态。　　　　　　　　(　　)
2. 固定成本是指其总额在一定期间内不受业务量的影响而保持固定不变的成本。　　　　　　　　　　　　　　　　　　　　　　　　　　　　(　　)
3. 以贡献毛益减去固定性制造费用就是利润。　　　　　　　　　　(　　)
4. 固定成本按是否能随管理行为改变而改变,划分为约束性固定成本和酌量性固定成本。　　　　　　　　　　　　　　　　　　　　　　　　　(　　)

5. 相关成本和无关成本的区分是绝对的。（ ）
6. 将成本按其可辨认性分为直接成本与间接成本有利于分清各部门责任,考核其工作业绩。（ ）
7. 变动成本法既有利于短期决策也有利于长期决策。（ ）
8. 酌量性固定成本和经营能力成本均与企业的业务量水平无直接关系。（ ）
9. 采用变动成本法,可以排除产量变动对利润的影响,在其他因素不变的情况下,可以保持利润与销售量的同向变动。（ ）
10. 在一定时期和一定业务量范围内,单位固定成本不受业务量变动的影响,单位变动成本是固定不变的。（ ）

四、简答题

1. 什么是成本性态？为什么管理会计中要将成本按性态分类？
2. 成本按性态可以分成哪几类？简要说明各类成本的特点。
3. 简要说明高低点法、散布图法、回归直线法的基本原理及优缺点。
4. 变动成本法与完全成本法在产品成本组成上的主要区别有哪些？它们的理论依据分别是什么？
5. 采用完全成本法与变动成本法各有哪些优点、缺点？

五、计算题

1. 某企业 2014 年至 2018 年的产量和总成本的历史资料如表 2-1 所示,该企业 2019 年预计产量为 95 000 件。

表 2-1　2014—2018 年的产量和总成本

年度	产量 X（万件）	总成本 Y（万元）
2014	8.0	650
2015	7.5	640
2016	7.0	630
2017	8.5	680
2018	9.0	700

要求：
（1）分别运用高低点法和回归直线法预测该企业 2019 年的总成本；
（2）说明两种方法预测的 2019 年总成本出现差异的原因。

2. 某公司只生产经营一种产品,有关资料如下：
生产量：3 000 件
销售量：2 000 件
直接材料：10 000 元

直接人工:6 000 元

变动制造费用:8 000 元

固定制造费用:9 000 元

销售及管理费用(全部固定):5 000 元

假定该公司期初无存货,产品的销售单价为 16 元。

要求:

(1) 按完全成本法计算产品单位成本;

(2) 按变动成本法计算产品单位成本;

(3) 计算分析利用完全成本法和变动成本法企业本期的损益有何差异,造成这种差异的原因是什么?

3. 某公司生产一种产品,2017 年和 2018 年的有关部门资料如表 2-2 所示。

表 2-2 产品资料表

年份	2017 年	2018 年
销售收入(5 元/吨)	1 000	1 500
产量(吨)	300	200
年初产成品存货(吨)	0	100
年末产成品存货(吨)	100	0
固定生产成本	600	600
销售及管理费用	150	150
单位变动生产成本	1.8	1.8

要求:

(1) 用完全成本法为该公司编制两年的利润表,并说明为什么销售增加 50%,营业利润反而大为减少?

(2) 用变动成本法为该公司编制两年的利润表,并将其同上一利润表进行比较,指出哪一种成本法比较重视生产,哪一种成本法比较重视销售?

4. A 公司只生产一种产品,单位成本(包括直接材料、直接人工、变动制造费用)为 6 元,单位售价为 15 元,固定制造费用为 40 000 元,单位变动销售费用为 1 元,固定销售费用为 15 000 元,期初存货为零,本期产量为 10 000 件,售出 8 500 件。

要求:

(1) 以完全成本法计算当期利润,并在此基础上调整计算变动成本法下的利润;

(2) 以变动成本法计算当期利润,并在此基础上调整计算完全成本法下的利润。

案例分析

江西省某企业生产 A、B、C 三类产品,2020 年该厂销售部门根据市场需求进行预测,计划部门初步平衡了生产能力,编制了 2020 年产品生产计划,财会部门打算据此进行产品生产的决策。

该厂多年生产的老产品 A,由于造价高,定价低,长期亏损。尽管是亏损产品,但是市场上仍有其一定的需求量,为满足市场需要,仍继续生产。财会部门根据产品生产计划预测了成本和利润,如表 2-3 所示。

表 2-3　2020 年成本、利润预测表　　　　　单位:万元

产品	A	B	C	合计
销售收入	654.6	630.7	138.3	1 423.6
销售成本	681.9	564.5	106.8	1 353.2
销售利润	−27.3	66.2	31.5	70.4

厂长阅读该表以后,对财会部门提出了这样几个问题:(1)2020 年本厂目标利润能否到 100 万元?(2)A 产品亏损 27.3 万元,影响企业利润,可否考虑停产?

带着这些问题,财会部门与销售、生产等部门一起,共同研究,寻找对策。若干天后,他们提出了以下 3 个方案,希望有关专家经过分析比较,确定其中的最优方案。

方案一:停止生产 A 产品,按原计划生产 B、C 产品。

方案二:停止生产 A 后,根据生产能力的平衡条件,B 产品最多增产 40%,C 产品最多增产 10%。

方案三:进一步平衡生产能力,调整产品生产计划。该厂 B 产品系列是最近几年开发的新产品,由于技术性能好,销量高,颇受用户欢迎,目前已是市场供不应求的产品。故根据市场预测,调整产品生产结构,压缩 A 产品生产计划 30%,B 产品在原方案基础上可增产 36%。

另外,财会人员运用回归直线法,在计算出单位产品变动成本的基础上,计算出了变动成本占销售收入的比率,在 2019 年的成本资料基础上,考虑到原材料调价因素,其结果如表 2-4 所示。

表 2-4　各产品变动成本占销售收入的比率

产品	A	B	C
变动成本占销售收入的百分比	70%	60%	55%

请你对本案例进行分析并确定最优方案。

练习题答案

一、单项选择题

1. D 2. D 3. B 4. B 5. A 6. B 7. C 8. D 9. B 10. B 11. B 12. C 13. A 14. D 15. D 16. A 17. B 18. D 19. A 20. B

二、多项选择题

1. AC 2. ABC 3. ABD 4. AB 5. AB 6. ACD 7. AD 8. ABC 9. CD 10. AD 11. ABC 12. BCD

三、判断题

1. √ 2. × 3. × 4. √ 5. × 6. × 7. × 8. √ 9. √ 10. ×

四、简答题

1. 成本性态是指成本总额与特定业务量之间在数量方面的依存关系，又称为成本习性。全部成本按其性态分类可以分为固定成本，变动成本和混合成本。成本性态是变动成本法的前提，有利于揭示利润和业务量之间的关系，便于有效地控制和分析成本。

2. 成本按性态可以分成固定成本、变动成本、混合成本。

固定成本：

（1）固定成本不受业务量变化的影响而保持固定不变是就其成本总额而言的。为便于分析，以 a 表示固定成本，x 表示业务量。

（2）单位产品负担的固定成本（a/x）随着业务量的增加而不断下降，呈反比例变动。

（3）固定成本总额不变是有条件的，在一定业务量范围内不变，超出相关范围便会发生变化，在其另一业务量范围之内保持不变。

变动成本：

（1）变动成本随着业务量增减而变动是就其变动成本总额而言，在一定期间一定业务量范围内，保持总成本业务量呈正比例关系变动。

（2）单位变动成本在一定期间一定业务量范围内将不受业务量变动的影响而保持不变。

（3）变动成本总额随着业务量增减而变动，单位变动成本保持稳定不变时有条件制约的，需要在特定期间、特定业务范围内，超出其范围，会发生新的变化，形成另一形式的变动关系和不变的单位成本。

混合成本：

（1）混合成本由固定成本和变动成本两部分组成。它通常有一个基数是固定不变的，相当于固定成本，在这基数之上发生的成本随业务量的变化而变化，相当于变动成本。

（2）混合成本总额虽然是随业务量的变化而变化，但其变化形式多样，并不都是呈正比例关系。

3. 高低点法是指以某一时期内的最高点产量的混合成本与最低点产量的混合成本之差,除以最高点产量与最低点产量之差,首先计算出单位变动成本的值,然后再据以把混合成本中的变动部分和固定部分解出来的一种方法。高低点法的优点在于简便易行,便于理解。其缺点是由于它只选择了诸多历史资料中的两组数据作为计算依据,使得建立起来的成本性态模型很可能不具有代表性,导致较大的计算误差。这种方法只适用于成本变化趋势比较稳定的企业使用。

散布图法是指将所观察的历史数据,在坐标纸上作图,据以确定混合成本中的固定成本和变动成本占多少的一种方法。其基本原理是:以横轴代表产量,纵轴代表成本,并把一定期间内不同产量下混合成本标在坐标纸上,形成若干散布点。然后以简单的目视方法,在各成本点之间画一条反映成本变动趋势的直线,该线与横轴相交点即表示混合成本中的固定成本部分 a,而成本变动趋势直线的斜率即代表单位变动成本 b。散布图法考虑了所提供的全部历史资料,其图像可反映成本的变动趋势,比较形象直观,易于理解,较高低点法更为科学。但由于靠目测决定直线,因此容易造成人为的误差,不同的人会得出不同的结论,从而影响计算的客观性。

回归直线法亦称最小二乘法,它是根据若干期产量和成本的历史资料,运用最小二乘法公式,将某项混合成本分解为变动成本和固定成本的方法。回归直线法的基本原理是:设以 y 代表某项混合成本,x 代表产量(业务量),a 代表混合成本中的固定部分,b 代表混合成本中的单位变动成本。回归直线法利用了数学微分极值原理,因此计算结果比前两种方法更为准确,但计算工作量较大,比较麻烦。

4. 按完全成本法计算,产品成本包括了直接材料、直接人工、变动性制造费用和固定性制造费用;而按变动成本法计算,其产品成本只包括直接材料、直接人工和变动性制造费用。固定性制造费用不计入产品成本,而是作为期间成本,全额列入损益表,从当期的销售收入中直接扣减。由此可见,完全成本法与变动成本法在产品成本组成上的差别在于对固定成本的处理不同。前者把本期已销售产品中的固定性制造费用转作本期销售成本,未销售部分应负担的固定性制造费用则递延到下期。后者则把本期发生的固定性制造费用全额作为期间成本,列入损益表,从当期的销售收入直接扣减。

完全成本法,是指在产品成本计算上,不仅包括产品生产过程中所消耗的直接材料、直接人工,还包括全部的制造费用(变动性的制造费用和固定性的制造费用)。

变动成本法,是指在产品成本的计算上,只包括产品生产过程中所消耗的直接材料、直接人工和制造费用中的变动性部分,而不包括制造费用中的固定性部分。制造费用中的固定性部分被视为期间费用而从相应期间的收入中全部扣除。

5. 完全成本法

优点:

(1) 完全成本法下的产品成本符合传统的成本概念,而变动成本法下的产品成本不符合传统的成本概念。即成本作为一种资源耗费,是企业为获得一定经济效益所付出的代价,最终从企业收入中得到补偿。在收入一定的情况下,需要补偿的成本越低,企业的经济效益越高。

(2) 完全成本法使人们更重视生产,有刺激生产的作用。

(3) 更符合配比原则中的"因果配比"。因为生产产品的成本,无论是直接人工、直接材料还是制造费用,全部都要归集到产品中,并在产品实现销售时从收入中一次扣除。

缺点:

(1) 存在计算的利润受到存货变动的影响,即当期增加销售以前生产的亏损产品时,不仅不会提高利润,反而会使利润下降。违背企业实现利润的原则。

(2) 固定性制造费用的分配存在主观臆断性,过于依赖会计人员职业判断,且工作量较大。

(3) 随着自动化技术的发展,对制造费用的核算提出了更高的要求,以便提高产品成本计算的正确性和提高成本控制的有效性。

变动成本法

优点:

(1) 变动成本法强调了成本信息的有用性,有利于企业的短期决策;

(2) 变动成本法更符合配比原则中的"期间配比";

(3) 变动成本法为制定标准成本和费用预算、考核执行情况、兑现奖惩,进而对各部门的业绩进行评价提供了正确的思路和恰当的操作方法。

缺点:

(1) 按变动成本法计算的产品成本存在不符合税法要求的情况;

(2) 变动成本法下成本性态的划分是一种假设的结果,本身不可避免具有局限性;

(3) 当面临长期决策的时候,变动成本法的作用会随着决策期的延长而削弱;

(4) 在未来人工费用弱化,制造费用占主流时,变动成本法的作用可能存在分析局限性。

五、计算题

1. (1) 采用高低点法预测 2019 年的总成本:

① $b=(700-630)/(9-7)=35$(元)

② 由 $Y=a+bx$,代入 2015 年数据,求得:$a=y-bx=6\ 300\ 000-35\times 70\ 000=3\ 850\ 000$(元)

建立预测总成本的数学模型:$y=3\ 850\ 000+35x$

③ 预测 2019 年产量为 95 000 件时的总成本:

总成本$=3\ 850\ 000+35\times 95\ 000=7\ 175\ 000$(元)

(2) 采用回归直线法预测 2019 年的总成本

① 根据资料计算整理出表 2-5 中数据:

表 2-5 2014—2018 年总成本

年度	产量 X	总成本(Y)	XY	X^2
2014	8.0	650	5 200	64
2015	7.5	640	4 800	56.25

(续表)

年度	产量 X	总成本(Y)	XY	X²
2016	7.0	630	4 410	49
2017	8.5	680	5 780	72.25
2018	9.0	700	6 300	81
合计(n=5)	$\sum X = 40$	$\sum Y = 3\,300$	$\sum XY = 26\,490$	$\sum X^2 = 322.5$

② 应用最小平方法原理,求解 $y=a+bx$ 中 a、b 两个待定参数,应用公式:

$$b = \left(n\sum xy - \sum x \sum y\right) / \left[n\sum x^2 - \left(\sum x\right)^2\right]$$

$$a = \left(\sum y - b\sum x\right)/n$$

$b = (5 \times 26\,490 - 40 \times 3\,300)/(5 \times 322.5 - 40^2) = 36.0(元)$

$a = (3\,300 - 36 \times 40)/5 = 372(万元)$

则成本性态模型为:

$y = 372 + 36x$

③ 预测 2019 年产量为 95 000 件时的总成本:

总成本 $= 3\,720\,000 + 36 \times 95\,000 = 7\,140\,000$(元)

2. (1) 按完全成本法计算产品单位成本;

产品单位成本 $= (10\,000 + 6\,000 + 8\,000 + 9\,000)/3\,000 = 11$(元)

(2) 按变动成本法计算产品单位成本;

产品单位成本 $= (10\,000 + 6\,000 + 8\,000)/3\,000 = 8$(元)

(3) 完全成本法的利润 $= 2\,000 \times 16 - 2\,000 \times 11 - 5\,000 = 5\,000$(元)

变动成本法的利润 $= 2\,000 \times 16 - 2\,000 \times 8 - (9\,000 + 5\,000) = 2\,000$(元)

两种成本法利润差异的原因:$5\,000 - 2\,000 = 3\,000$(元)

变动成本法下固定制造费用 9 000 元全部从当期收入中扣除,而完全成本法下期末存货吸收了固定制造费用 3 000 元($9\,000/3\,000 \times 1\,000 = 3\,000$),从而使销售成本比变动成本法减少 3 000 元,利润相应增加。

3. (1) 2017:$1\,000 - (0 + 1\,140 - 380) - 150 = 90$(元)

2018:$1\,500 - (380 + 960 - 0) - 150 = 10$(元)

2018 年销售收入比 2017 年增加 50%,营业利润反而大幅减少,是因为销售收入增加 500 元,而销售成本增加 580 元($1\,340 - 760$),营业利润减少 80 元,而这主要是由于 2018 年产量 200 吨比 2017 年产量 300 吨减少 100 吨所导致的。

(2) 2017:$1\,000 - 360 - 600 - 150 = -110$(元)

2018:$1\,500 - 540 - 600 - 150 = 210$(元)

2017 年变动成本法的营业利润为 -110 元,完全成本法的营业利润为 90 元,完全成本法比变动成本法营业利润增加 200 元。这是因为变动成本法固定成本 600 元全部从当期收入中扣除,而完全成本法期末存货吸收了 200 元(100×600/300)使得其销售成本比变动成本法的销售成本减少 200 元,营业利润则相应增加。

2018 年变动成本法的营业利润为 210 元,完全成本法的营业利润为 10 元,完全成本法比变动成本法营业利润减少 200 元。这是因为变动成本法固定成本 600 元全部从当期收入中扣除,而完全成本法期初存货吸收了上期固定制造费用 200 元,使得其销售成本比变动成本法的销售成本增加了 200 元,营业利润则相应减少。

从上述分析可以看出,完全成本法重生产,产量越大,利润就越多;变动成本法重销售,销量越大,利润越大。

4.(1)以完全成本法计算当期利润,并在此基础上调整计算变动成本法下的利润;

完全成本法利润=8 500×15-8 500×(6+40 000/10 000)-8 500×1-15 000=19 000(元)

变动成本法下的利润=19 000-1 500×4=13 000(元)

(2)以变动成本法计算当期利润,并在此基础上调整计算完全成本法下的利润。

变动成本法下的利润=8 500×15-8 500×6-40 000-8 500×1-15 000=13 000(元)

完全成本法下的利润=13 000+1 500×4=19 000(元)

案例分析答案

首先,计算各产品的变动成本、贡献毛益和销售利润,见表 2-6 所示。

表 2-6 各产品变动成本、贡献毛益和销售利润计算表   单位:万元

产品	A	B	C	合计
销售收入	654.6	630.7	138.3	1 423.6
变动成本	458.2	378.4	76.1	912.7
贡献毛益	196.4	252.3	62.2	510.9
固定成本	223.7	186.1	30.7	440.5
销售利润	-27.3	66.2	31.5	70.4

其次,进行各种方案的计算和分析:

方案一:停止生产 A 产品,按原计划生产 B、C 的利润如表 2-7 所示。

表 2-7 方案一   单位:万元

产品	B	C	合计
销售收入	630.7	138.3	769

(续表)

产品	B	C	合计
变动成本	378.4	76.1	454.5
贡献毛益	252.3	62.2	314.5
固定成本	440.5		440.5
销售利润	—126		—126

可见,由于A产品存在很大的贡献毛益,方案一单纯停产A产品,企业会出现亏损126万元。

方案二如表2-8所示。

表2-8 方案二　　　　　　　　　　　　　　　　　　　　　单位:万元

产品	B	C	合计
销售收入	883.0	152.1	1 035.1
变动成本	529.8	83.7	613.5
贡献毛益	353.2	68.4	421.6
固定成本	440.5		440.5
销售利润	—18.9		—18.9

方案二仍然亏损,亏损额为18.9万元。

方案三如表2-9所示。

表2-9 方案三　　　　　　　　　　　　　　　　　　　　　单位:万元

产品	A	B	C	合计
销售收入	458.2	857.8	138.3	1 454.3
变动成本	320.7	514.6	76.1	911.4
贡献毛益	137.5	343.2	62.2	542.9
固定成本		440.5		440.5
销售利润		102.4		102.4

方案三可达到目标利润100万元。

该企业应选择方案三。

第三章　本量利分析

重点与难点

一、本量利分析中的基本概念

（一）本量利分析

成本、业务量、利润之间关系的分析，简称本量利分析。主要包括盈亏临界点分析和实现目标利润分析两项内容。

本量利基本依存关系如下：

$$利润＝销售收入－总成本＝销售收入－变动成本－固定成本$$
$$＝贡献毛益总额－固定成本总额$$

（二）贡献毛益

贡献毛益是指产品的销售收入扣除变动成本后的余额。它首先应该用于补偿固定成本，补偿固定成本之后还有余额，才能为企业提供利润。如果贡献毛益不足以补偿固定成本，企业将出现亏损。贡献毛益有三种表现形式：一是单位贡献毛益，也就是每种产品的销售单价减去各该产品的单位变动成本；二是贡献毛益总额，也就是各种产品的销售收入总额减去各种产品的变动成本总额；三是贡献毛益率，它是单位贡献毛益除以产品单价，或是贡献毛益总额除以销售收入。

$$单位贡献毛益＝单位售价－单位变动成本$$
$$贡献毛益总额＝收入总额－变动成本总额$$
$$贡献毛益率＝\frac{单位贡献毛益}{产品单价}\times100\%＝\frac{贡献毛益总额}{销售收入}\times100\%$$
$$变动成本率＝1－贡献毛益率$$

贡献毛益是反映各种产品盈利能力的一个重要指标，是管理人员进行决策分析的一项重要信息。

（三）盈亏临界点

盈亏临界点，也称损益平衡点或保本点，是指在一定销售量下，企业的销售收入和销售成本相等,不盈利也不亏损。当销售量低于盈亏临界点销售量时,将发生亏损;反之,当销售量高于盈亏临界点销售量时,则会获得利润。

1. 单一产品盈亏临界点分析

两种表现形式 $\begin{cases} \text{以实物量表示,称为盈亏临界点销售量} \\ \text{以货币金额表示,称为盈亏临界点销售额} \end{cases}$

$$盈亏临界点销售量 = \frac{固定成本}{单位贡献毛益}$$

$$盈亏临界点销售额 = \frac{固定成本}{贡献毛益率}$$

2. 多种产品盈亏临界点分析

由于企业生产的各种产品的盈利能力不同,贡献毛益率各有不同,因此,在计算盈亏临界点的公式中的贡献毛益率应是各种产品的贡献毛益率的加权平均数,权数可采用各产品的销售比重。具体计算步骤如下:

第一步,计算全部产品的销售总额。

$$销售总额 = \sum (某种产品的单价 \times 该种产品的销售量)$$

第二步,计算各种产品的销售比重。

$$某产品的销售比重 = \frac{该产品的销售额}{销售总额}$$

第三步,计算各种产品加权平均贡献毛益率。

$$加权平均贡献毛益率 = \sum (某种产品的贡献毛益率 \times 该种产品的销售比重)$$

第四步,计算整个企业综合的盈亏临界点销售额。

$$综合的盈亏临界点销售额 = \frac{固定成本总额}{加权平均贡献毛益率}$$

第五步,计算各种产品的盈亏临界点销售额及销售量。

$$某产品的盈亏临界点销售额 = 综合的盈亏临界点销售额 \times 该产品的销售比重$$

$$某产品的盈亏临界点销售量 = \frac{该产品盈亏临界点销售额}{产品单价}$$

3. 与盈亏临界点有关的指标

(1) 安全边际与安全边际率。

企业处于不盈不亏状态意味着当期的贡献毛益被固定成本抵消,只有当销售量超过盈亏临界点时,其超过部分提供的贡献毛益才形成企业的利润。显然,销售量超出盈亏临界点越多,说明企业盈利越多,换句话说,发生亏损的可能性就越小,企业的经营就越安全。

所谓安全边际,是指现有(或正常)销售量超过临界点销售量的差额,这个差额标志着销售下降多少,企业才会发生亏损。

$$安全边际量(额)=现有销售量(额)-盈亏临界点销售量(额)$$

$$安全边际率=\frac{安全边际量(额)}{现有销售量(额)}$$

(2) 盈亏临界点作业率。

$$达到盈亏临界点作业率=\frac{盈亏临界点销售量(额)}{正常经营量(额)}$$

$$盈亏临界点作业率+安全边际率=1$$

(3) 销售利润率。

$$销售利润率=安全边际率\times 贡献毛益率$$

$$销售利润=安全边际量\times 单位贡献毛益=安全边际额\times 贡献毛益率$$

二、盈亏临界图

盈亏临界图是围绕盈亏临界点,将影响企业利润的有关因素及相互关系,集中在一张图上形象而具体地表现出来。利用它可以清楚地看到有关因素变动对利润的影响,从而有助于决策者在经营管理中提高预见性和主动性。该图具有简明、直观的优点,但由于它是依靠目测绘制而成,所以不可能十分准确,通常应结合其他方法一并使用。

盈亏临界图通常有:基本式、贡献毛益式和量利式三种。

三、实现目标利润分析

1. 目标销售量

$$目标销售量=\frac{固定成本+目标利润}{单位贡献毛益}$$

$$目标销售额=\frac{固定成本+目标利润}{贡献毛益率}$$

2. 有关因素对盈亏临界点的影响
(1) 价格与盈亏临界点反向变化;
(2) 单位变动成本与盈亏临界点同向变化;
(3) 固定成本与盈亏临界点同向变化;
(4) 品种结构中贡献毛益率高的产品比重增加,盈亏临界点降低。

3. 有关因素对安全边际的影响
(1) 价格与安全边际同向变化;
(2) 变动成本、固定成本与安全边际反向变化。

四、敏感分析

$$固定成本敏感系数 = \frac{固定成本}{利润}$$

$$单位变动成本敏感系数 = \frac{单位变动成本 \times 销售量}{利润}$$

$$销售价格敏感系数 = \frac{销售价格 \times 销售量}{利润}$$

$$销售量敏感系数 = \frac{(价格 - 单位变动成本) \times 销售量}{利润}$$

关键概念

1. 本量利分析
2. 贡献毛益
3. 安全边际
4. 盈亏临界点
5. 达到盈亏临界点的作业率
6. 敏感系数
7. 加权贡献毛益率

练 习 题

一、单项选择题

1. 降低盈亏临界点的办法有( )。
   A. 降低销售量　　　　　　　　B. 降低单价
   C. 提高预计利润　　　　　　　D. 减少固定成本
2. 在本量利分析中,贡献毛益是个重要概念,贡献毛益就是( )。
   A. 营业净利润　　　　　　　　B. 利润总额
   C. 固定成本与营业利润之差　　D. 固定成本与营业利润之和
3. 在本量利分析中,必须假定产品成本的计算基础是( )。
   A. 完全成本法　　　　　　　　B. 变动成本法
   C. 吸收成本法　　　　　　　　D. 制造成本法
4. 贡献毛益率与变动成本率两者之间的关系是( )。
   A. 变动成本率高,则贡献毛益率也高

B. 变动成本率高,则贡献毛益率低
C. 变动成本率与贡献毛益率两者没有关系
D. 变动成本率是贡献毛益率的倒数

5. 当单价单独变动时,安全边际(　　)。
   A. 不会随之变动　　　　　　　　B. 不一定随之变动
   C. 将随之发生同方向变动　　　　D. 将随之发生反方向变动

6. 下列说法正确的是(　　)。
   A. 安全边际量与安全边际率都是正指标,其值越大,说明企业经营的安全程度越大
   B. 安全边际率是达到盈亏临界点作业率的倒数
   C. 安全边际率越小越好,达到盈亏临界点作业率越大越好
   D. 安全边际率与达到盈亏临界点作业率都是越大越好

7. 已知企业只生产一种产品,单位变动成本为45元,固定成本总额为60 000元,单价为120元,为使安全边际率达到60%,该企业当期至少应销售(　　)件。
   A. 2 000　　　　　　　　　　　　B. 1 333
   C. 1 280　　　　　　　　　　　　D. 8 00

8. 若某企业在一定时期内的达到盈亏临界点作业率为100%,则可以断定该企业处于(　　)状态。
   A. 盈利　　　　　　　　　　　　B. 保本
   C. 亏损　　　　　　　　　　　　D. 上述选择都不对

9. 在利量式分析图中,若横坐标代表销售量,则利润线的斜率代表(　　)。
   A. 变动成本率　　　　　　　　　B. 单位贡献毛益
   C. 单位变动成本　　　　　　　　D. 贡献毛益率

10. 下列各项中反映企业实现目标净利润销售量的是(　　)。
    A. (固定成本＋目标利润)/(单价－单位变动成本)
    B. (固定成本＋目标利润)/贡献毛益率
    C. [固定成本＋目标净利润/(1－所得税率)]/单位贡献毛益
    D. [固定成本＋目标净利润/(1－所得税率)]/贡献毛益率

11. 在销售量不变的情况下,保本点越高,能实现的利润(　　)。
    A. 越多　　　　　　　　　　　　B. 越少
    C. 不变　　　　　　　　　　　　D. 越不确定

12. 当单价上涨,而其他因素不变时,会引起(　　)。
    A. 盈亏临界点降低、安全边际降低、利润减少
    B. 盈亏临界点上升、安全边际上升、利润增加
    C. 盈亏临界点上升、安全边际降低、利润减少
    D. 盈亏临界点降低、安全边际上升、利润增加

13. 如果单价和单位变动成本上升的百分率相同,其他因素不变,则盈亏临界点销售量(　　)。

A. 上升 B. 下降
C. 不变 D. 不确定

14. 当单位变动成本单独增加而其他因素均不变时,会引起(   )。
    A. 盈亏临界点升高、安全边际下降、利润减少
    B. 盈亏临界点降低、安全边际上升、利润增加
    C. 盈亏临界点升高、安全边际上升、利润增加
    D. 盈亏临界点降低、安全边际下降、利润减少

15. 已知 A 企业生产和销售单一产品,计划年度销售量为 1 000 件,单价为 50 元,单位变动成本为 30 元,固定成本为 25 000 元,则销售量、单价、单位变动成本、固定成本各因素的敏感程度由高到低排列正确的是(   )。
    A. 单价＞销售量＞单位变动成本＞固定成本
    B. 单价＞单位变动成本＞销售量＞固定成本
    C. 单价＞单位变动成本＞固定成本＞销售量
    D. 单价＞销售量＞固定成本＞单位变动成本

16. 下列因素的单独变动不对盈亏临界点产生影响的是(   )。
    A. 单价 B. 单位变动成本
    C. 销售量 D. 固定成本

17. 已知某企业只生产一种产品,单价为 50 元/件,单位变动生产成本为 15 元/件,固定生产成本总额为 12 500 元,单位变动非生产成本为 2 元/件,固定非生产成本总额为 3 000 元。企业 20×5 年 1 月共生产 1 000 件。则该企业该产品的单位贡献毛益、营业净利润分别为(   )。
    A. 35 和 17 500 B. 17 和 33 000
    C. 27 和 520 500 D. 33 和 17 500

18. 已知某企业生产某种产品的固定成本为 35 000 元,变动生产成本为 15 元/件,变动非生产成本为 3 元/件,产品单位变动成本率为 30%,则该企业该产品的盈亏临界点销售量(   )。
    A. 50 000 件 B. 834 件
    C. 1 000 件 D. 778 件

二、多项选择题

1. 在盈亏临界图中,盈亏临界点的位置取决于(   )。
   A. 固定成本 B. 单位变动成本
   C. 销售单价 D. 产品成本

2. 本量利分析所依据的基本假设包括(   )。
   A. 相关范围假定 B. 模型线性假定
   C. 产销平衡假定 D. 品种结构不变假定

3. 反映本量利关系的基本公式包括(   )。
   A. 营业利润＝安全边际×单位贡献毛益

B. 营业利润＝销售收入－变动成本－固定成本

C. 营业利润＝单价×销售量－单位变动成本×销售量－固定成本

D. 营业利润＝(单价－单位变动成本)×销售量－固定成本

4. 某产品单价为 8 元,固定成本总额为 2 000 元,单位变动成本为 5 元,计划产销量为 600 件,要实现 400 元的利润,可分别采取的措施有(　　)。

　　A. 减少固定成本 600 元　　　　　　B. 提高单价 1 元

　　C. 降低单位变动成本 1 元　　　　　D. 提高产销量 200 件

5. 企业经营安全程度的评价指标包括(　　)。

　　A. 盈亏临界点　　　　　　　　　　B. 安全边际量

　　C. 安全边际额　　　　　　　　　　D. 安全边际率

6. 下列各项中,属于本量利分析研究内容的有(　　)。

　　A. 销售量与利润的关系

　　B. 成本、销售量与利润的关系

　　C. 成本与利润的关系

　　D. 产品质量与利润的关系

7. 贡献毛益即指(　　)。

　　A. 边际贡献　　　　　　　　　　　B. 贡献边际

　　C. 边际利润　　　　　　　　　　　D. 创利额

8. 下列各式中,其计算结果等于贡献毛益率的有(　　)。

　　A. 单位贡献毛益/单价　　　　　　B. 贡献毛益/销售收入

　　C. 固定成本/盈亏临界点销售额　　D. 1－变动成本率

9. 贡献毛益率与变动成本率间的关系为(　　)。

　　A. 贡献毛益率＜变动成本率

　　B. 贡献毛益率＞变动成本率

　　C. 贡献毛益率＋变动成本率＝1

　　D. 贡献毛益率≥0 且变动成本率≥0

10. 下面公式正确的是(　　)。

　　A. 盈亏临界点销售量＝固定成本/贡献毛益率

　　B. 安全边际率＝安全边际/盈亏临界点销售量

　　C. 安全边际率＋达到盈亏临界点作业率＝1

　　D. 安全边际额＋盈亏临界点销售额＝销售额

11. 下列各式中有可能成立的关系有(　　)。

　　A. 贡献毛益率大于变动成本率

　　B. 贡献毛益率小于变动成本率

　　C. 贡献毛益率＋变动成本率＝1

　　D. 贡献毛益率和变动成本率都大于零

12. 若有企业处于盈亏临界状态,则有(　　)。

　　A. 达到盈亏临界点作业率为 0%

B. 达到盈亏临界点作业率100%
C. 贡献毛益等于固定成本
D. 安全边际率为0%

13. 下列各项中,会随单价变动向反方向变动的有( )。
    A. 盈亏临界点   B. 实现目标利润销售量
    C. 变动成本率   D. 单位贡献毛益

14. 引起盈亏临界点变动的因素有( )。
    A. 单价   B. 单位变动成本   C. 销售量   D. 固定成本

15. 下列与安全边际率有关的说法中,正确的有( )。
    A. 安全边际量与实际销售量的比值等于安全边际率
    B. 安全边际率与达到盈亏临界点作业率的和等于1
    C. 安全边际额与销售量的比率等于安全边际率
    D. 安全边际率越大,企业发生亏损的可能性越小

16. 下列各项中,导致安全边际提高的有( )。
    A. 单价上涨   B. 单位变动成本降低
    C. 固定成本增加   D. 预计销售量增加

17. 安全边际的表现形式有( )。
    A. 安全边际量   B. 安全边际额
    C. 安全边际率   D. 达到盈亏临界点作业率

18. 影响盈亏临界点、实现目标净利润的销量共同因素为( )。
    A. 目标利润   B. 所得税税率
    C. 固定成本   D. 贡献毛益率

19. 下列各项中,导致利润减少的有( )。
    A. 单价降低   B. 单价上涨
    C. 单位变动成本增加   D. 固定成本减少

20. 下列因素中( )呈上升趋势变化时,会导致盈亏临界点升高。
    A. 销售量   B. 单价
    C. 固定成本   D. 单位变动成本

21. 在传统盈亏临界图中,下列描述正确的是( )。
    A. 总成本既定的情况下,销售单价越高,盈亏临界点越低
    B. 总成本既定的情况下,销售单价越高,盈亏临界点越高
    C. 销售单价、单位变动成本既定的情况下,固定成本越大,盈亏临界点越高
    D. 销售单价、固定成本既定的情况下,单位变动成本越大,盈亏临界点越高

三、判断题

1. 超过盈亏临界点以上的安全边际所提供的贡献毛益就是利润。( )
2. 达到盈亏临界点,作业率能够反映盈亏临界状态下的生产经营能力的利用程度。( )

3. 单一产品情况下,盈亏临界点销售量随着贡献毛益率的上升而上升。（ ）
4. 在多种产品条件下,提高贡献毛益率水平较高产品的销售比重,可以降低整个企业综合盈亏临界点销售额。（ ）
5. 单价、单位变动成本及固定成本总额的分别变动均会引起盈亏临界点、实现目标利润销售量同方向变动。（ ）
6. 在进行本量利分析时,不需要任何假设条件。（ ）
7. 安全边际率与保本作业率是互补的,安全边际率越高达到盈亏临界点作业率越低,其和为1。（ ）
8. 若单价、单位变动成本同方向、同比例变动,则盈亏临界点业务量不变。（ ）

四、简答题

1. 贡献毛益指标有何作用？它与利润指标有何区别？
2. 简述量本利分析的基本假设？
3. 盈亏临界点以上的贡献毛益是否就是利润？为什么？
4. 计算安全边际和安全边际率这两项指标的作用是什么？
5. 如何进行非线性的本量利分析和不确定情况下的本量利分析？
6. 如何进行本量利中的敏感分析？

五、计算题

1. 假定某企业只产销一种产品,其有关资料如下:生产量2 000件,销售量1 800件,期初存货0件,贡献毛益率60%,原材料6 000元,计件工资4 000元,其他变动性制造费用每件0.4元,固定性制造费用总额2 000元,变动性销售与管理费用每件0.2元,固定性销售与管理费用总额为300元。要求:
   (1) 根据给定的贡献毛益率确定售价;
   (2) 用两种方法计算单位产品成本;
   (3) 用两种成本法计算营业利润,并说明营业利润不同的原因。
2. 甲产品单位售价为30元,单位变动成本为21元,固定成本为450元。要求:
   (1) 计算保本点销售量;
   (2) 若要实现目标利润180元,销售量需达到多少？
   (3) 若销售利润为销售额的20%,计算销售量;
   (4) 若每单位产品变动成本增加2元,固定成本减少170元,计算此时的保本点销售量;
   (5) 就上列资料,若销售量为200件,计算单价应调整到多少才能实现利润350元。假定单位变动成本和固定成本不变。
3. 假定有四个公司,均为多产品生产企业。这四个公司在过去一年中的损益情况如表3-1所示。

表 3-1 损益资料　　　　　　　　　　　单位:元

公司	销售收入总额	变动成本总额	贡献毛益率(%)	固定成本总额	净利润(或净亏损)
1	180 000	(1)	40	(2)	12 000
2	300 000	165 000	(3)	100 000	(4)
3	(5)	(6)	30	80 000	−5 000
4	400 000	260 000	(7)	(8)	30 000

要求:根据变动成本法完成上述标号的空白表格。

4. 某公司 2018 年销售收入为 120 000 元,销售成本为 150 000 元,其中包括固定费用 90 000 元,产品单价为 30 元。要求:(1)若 2019 年计划增加广告费 4 500 元,预测 2019 年该公司的保本销售额;(2)若该公司计划实现目标利润 30 000 元,则目标销售额应为多少?

5. 假设某公司本年度简略损益表如下:

产品销售收入　　　　　600 000 元
　减:产品销售成本　　　660 000 元
净损失　　　　　　　　 60 000 元

上述产品成本中包括固定费用 300 000 元。公司经理认为,如果计划期间增加广告费 40 000 元,产品销售量将大幅度增加,这样,公司即可以扭亏为盈。该项计划已由董事会批准。要求:按照公司经理的预想预测该公司的保本销售额。如果公司董事会希望在计划期内能够获得 50 000 元的目标利润,该公司的目标销售额应达到多少?如果该公司只产销一种产品,单价 5 元,保本销售量和实现目标利润的销售量各为多少?

案 例 分 析

　　饭店业是现代服务业的重要组成部分,一个地区高星级饭店的规模、数量往往成为该地区经济发展水平、改革开放程度的标志。在实际的经营活动中,高星级饭店大多进行多产品经营,通常提供的服务有客房、餐饮、娱乐、洗浴、商场、商务服务等项目,因此,有必要对多产品经营的本量利分析进行研究。由于饭店不同产品的计量单位不同,在进行分析时首先要统一计量单位,这里采用销售额指标。有下列公式:

利润 = 贡献毛益 − 固定成本
　　 = 销售收入 × 贡献毛益率 − 固定成本

　　式中,贡献毛益率为饭店多产品经营的综合贡献毛益率。如何确定综合贡献毛益率是一个比较复杂的问题,通常采用计划权重法、目标权重法、历史数据法等三种方法。

1. 计划权重法

此方法是将饭店多种产品的贡献毛益额之和除以计划销售额之和，求得加权平均贡献毛益率。由于多种产品的贡献毛益率有高有低，因此采用此法所求得的贡献毛益率将受到饭店销售组合的影响。例如，某饭店有客房、餐饮、商场三种产品，预计年销售额为 2 亿元，相应的预期利润为 600 万元，年固定成本分摊为 8 600 万元，每种产品的销售价格、变动成本和贡献毛益如表 3-2 所示，销售额为 2 亿元的销售组合如表 3-3 所示。

表 3-2　某饭店的销售组合　　　　　　　　　　　　　　　　　单位：元

项目	客房	餐饮	商场
单位销售价格	1 000	300	200
单位变动成本	20	150	140
单位贡献毛益	980	150	60
贡献毛益率（%）	98	50	30
占总销售额的百分比（%）	50	45	5

表 3-3　销售额为 2 亿元的销售组合　　　　　　　　　　　　　单位：万元

项目	客房	餐饮	商场	合计	百分比（%）
销售组合（%）	50	45	5	100	
销售额	10 000	9 000	1 000	20 000	100
变动成本	200	4 500	700	5 400	27
贡献毛益	9 800	4 500	300	14 600	73
固定成本				8 600	
利润				6 000	

表 3-3 中，每种产品的变动成本是基于表 3-2 中的变动成本率计算的，利润总额为 6 000 万元，与预计的相同，整个饭店的变动成本率为 27%，按计划销售额计算的加权平均贡献毛益率为 73%。

销售组合对综合贡献毛益率影响很大，仍依上例，假设该饭店销售组合有所改变，如表 3-4 所示。

表 3-4　改变销售组合后的贡献毛益率　　　　　　　　　　　　单位：万元

项目	客房	餐饮	商场	合计	百分比（%）
销售组合（%）	45	40	15	100	
销售额	9 000	8 000	3 000	20 000	100
变动成本	180	4 000	2 100	6 280	31.4
贡献毛益	8 820	4 000	900	13 720	68.6
固定成本				8 600	
利润				5 120	

从表 3-4 可以看出,销售额仍然为 2 亿元,但利润比预计减少了 880 万元(6 000—5 120),加权平均贡献毛益率降至 68.6%,降低的主要原因是这种销售组合中贡献毛益率较低的商场计划销售额增加了,而贡献毛益率较高的客房、餐饮的计划销售额减少了。

2. 目标权重法

目标权重法是以各产品的贡献毛益率与目标权重加权平均计算的贡献毛益率。目标权重法在两种情况下可能较多运用:第一种情况,饭店为了控制各产品的销售量而控制综合贡献毛益率;第二种情况,饭店的各产品销售额难以准确预测。

3. 历史数据法

历史数据法是以饭店近期的各产品历史数据为标准,以加权平均计算的贡献毛益率作为分析年度的综合贡献毛益率。在运用历史数据法时应注意三点:第一,历史数据越近,价值越高;第二,各产品的销售量应比较稳定;第三,各产品的贡献毛益率不应有大的变化,否则依据历史数据计算的综合贡献毛益率有较大误差,应对计算结果进行必要的调整。

通过本量利分析,饭店可以比较分析现有的销售价格、生产水平与实现目标利润之间的差距,实施恰当的价格、产量、成本、新产品开发政策,提高饭店的盈利水平。

通过本案例的分析,你认为:

1. 利用本量利分析技术,饭店如何使现有的销售价格、生产水平与实现目标利润之间相互适应,以实施恰当的价格、产量、成本、新产品开发政策,提高饭店的盈利水平?

2. 对饭店多产品本量利分析的几种方法应如何看待?如何将其应用到企业的经营决策中?

练习题答案

一、单项选择题

1. D 2. C 3. B 4. B 5. C 6. A 7. A 8. B 9. B 10. C 11. B 12. D 13. B 14. A 15. C 16. C 17. A 18. C

二、多项选择题

1. ABC 2. ABC 3. ABCD 4. ABCD 5. ABC 6. ABC 7. ACD 8. ABCD 9. CD 10. ACD 11. ABCD 12. BCD 13. ABC 14. ABD 15. ABD 16. ABD 17. ABC 18. CD 19. AC 20. CD 21. ACD

三、判断题

1. √ 2. √ 3. × 4. √ 5. × 6. × 7. √ 8. ×

四、简答题

1. 贡献毛益,是产品销售收入扣除变动成本后的差额。贡献毛益通常分为单位贡献毛益、贡献毛益总额、贡献毛益率。贡献毛益是衡量产品盈利能力的重要指标。企业的贡献毛益首先要用于补偿固定成本。当贡献毛益总额大于固定成本总额时，企业就会形成利润；反之，就会发生亏损。同理，若贡献毛益总额等于固定成本总额，则企业将进入不盈不亏的临界状态。

与本量利分析法以利润作为评价方案的标准不同的是，贡献毛益法是以能否提供贡献毛益或贡献毛益的大小作为衡量的尺度。在某些情况下，只要能够提供贡献毛益，虽然会发生一定的亏损也被认为是可行的。

2. (1) 销售收入与销售量呈完全线性关系的假设。在本量利依存关系分析中，通常假设销售单价是个常数，销售收入与销量成正比，二者存在一种线性关系。即销售收入＝销售量×单价。但这个假设只有在以下条件时才能成立：产品基本上处于成熟期，其售价比较稳定；通货膨胀率极低。但在市场经济条件下，物价受多种因素的影响而上下波动，这是不可避免的。因而产品售价就不会表现为假设中的一个常数，如遇到这样的情况，就会使原来计划的销售收入与实际的销售收入之间形成较大的差距。

(2) 变动成本与产量呈完全线性关系的假设。在本量利依存关系的分析中，变动成本与业务量（产量）呈正比例关系，也是一个重要的假设。但这个假设只有在一定的产量范围内才能成立。如果产量过低或超负荷生产时，都会增加变动成本。

(3) 固定成本保持不变的假设。本量利依存关系分析的线性关系假设，首先是指固定成本与产量无关，能够保持稳定。但这个假设也只有在一定的相关范围内才能成立。一般来说，在生产能力利用的一定范围内，固定成本是稳定的，是一条平行于横轴的直线。但在超出这个范围之后，由于新增设备或加开班次等原因，固定成本会突然增加，并不是可以无条件地保持不变。

(4) 品种结构不变的假设。这一假设是销售多种产品的企业，在销售中，各种产品的比例关系不会发生变化。但在实际经济生活中，不可能始终按同一固定的品种结构模式生产销售产品，一旦品种结构变化很大，而各种产品的盈利水平又不一致，则计划利润与实际利润就必然会有较大的出入。

(5) 产销平衡的假设。产量变动影响成本的高低，销量变动则影响到收入的多少。本量利依存关系分析中，假设产销一致，此时只考虑销量而不考虑产量。当产销量差距较大时，就会影响到本期利润。

(6) 会计数据可靠性假设。这一假设的含义是在进行本量利依存关系分析时，所使用的会计数据是真实可靠的，而且根据这些数据所确定的固定成本和变动成本也是真实可靠的。但实际情况并非完全如此，如折旧方法的选用会影响到固定成本的真实性，直接人工只有在实行计件工资制时才是完全随产量变动而变动的，会计人员的主观随意性也会影响成本性态的判别和混合成本的分解，等等。这些因素都影响这一假设的成立与否。可见，假设是有条件的，是相对的。

3. 是。贡献毛益首先应该用于补偿固定成本，补偿固定成本之后的余额才能为企业提供利润。当销售量在盈亏临界点上，当期的贡献毛益被固定成本刚好抵消。当销售量在固定成本之上时，超出盈亏临界点的贡献毛益率就是抵消固定成本后剩余的部分，即企业的利润。

4. 安全边际：是指正常超过盈亏临界点的差额，它表明下降多少仍不致亏损。安全边际计算公式为：

$$安全边际＝正常－盈亏临界点$$

安全边际率：是指安全边际与正常的比值，它可以表示生产经营的安全性。安全边际率计算公式为：

$$安全边际率＝(安全边际/正常)\times 100\%。$$

安全边际和安全边际率是衡量企业生产经营安全程度的重要指标。安全边际和安全边际率的数值越大，企业发生亏损的可能性越小，企业经营就越安全；反之，安全边际和安全边际率的数值越小，企业发生亏损的可能性越大，企业经营就存在较大风险。

5.（1）非线性条件下，通常销售收入曲线用 $TR=a+bx+cx^2$ 表示，其方程系数可采用非线性回归法确定。总成本曲线则以 $TC=a+bx+cx^2$ 表示，其方程系数可采用一种简易的方法确定。当销售收入线、成本线均为曲线，需分别确定其各自的函表达式，然后建立利润的函数，并据以进行本量利分析。

（2）在实际的经济活动中，由于产品的售价、变动成本和固定成本都受到多种因素变动的影响，所以对于它们预期的变动，往往难以在事前掌握得十分准确，而只能作概略的估计，即估计它们将在什么样的范围内变动，有关数值在这个范围内可能出现的概率是多少。在这种情况下，利润将相应地增加或降低到多少，就有多种可能，而不可能通过一次简单的计算便到一个定值。为此，需要对其预期的变动进行概率分析，然后可以综合考虑，才得以最终确定一个可能达到的数值。

6. 单价、单位变动成本、销售量和固定成本这些因素的变化，都会对利润产生影响，但它们的敏感程度不同。有的因素只要有较小的变动就会引起利润较大的变动，这种因素称为强敏感因素；有的因素虽有较大的变动，但对利润的影响不大，称为弱敏感因素。通过计算敏感系数，经理人员可以了解在影响利润的诸因素中，哪个因素敏感程度强，哪个因素弱，以便分清主次，及时采取调整措施，确保目标利润的完成。

五、计算题

1.（1）单位变动成本＝(6 000＋4 000)÷2 000＋0.4＋0.2＝5.6(元/件)；
     单价＝5.6÷(1－60%)＝14(元)
（2）完全成本法下的单位产品成本＝(6 000＋4 000)÷2 000＋0.4＋2 000÷2 000
                              ＝6.4(元)
变动成本法下的单位产品成本＝(6 000＋4 000)÷2 000＋0.4＝5.4(元)
（3）完全成本法下的营业利润＝(14－6.4)×1 800－0.2×1 800－300＝13 020(元)
变动成本法下的营业利润＝(14－5.6)×1 800－2 300＝12 820(元)

因为完全成本法在期末存货中吸收的固定制造费用为(2 000/2 000)×200＝200元，其销售产品成本就比变动成本法销售产品成本少200元，故完全成本法的营业利润多200元。

2.（1）50；（2）70；（3）150；（4）40；（5）25。

3. (1) 108 000;(2) 60 000;(3) 45%;(4) 35 000;(5) 250 000;(6) 175 000;(7) 35%;(8) 110 000。

4. 2019年计划增加广告费4 500元,则销售成本为150 000+4 500=154 500元,所以保本销售额是154 500元,目标销售额是154 500+30 000=184 500元。

5. 计划期间增加广告费40 000元,销售成本变为700 000元,保本销售额即700 000元,目标销售额700 000+50 000=750 000元;

若只产销一种产品,单价5元,保本销售量为700 000÷5=140 000,目标销售量=750 000÷5=150 000。

案例分析答案

1. 假定饭店价格、成本数据如表3-5所示。

表3-5 价格、成本数据表

项目	客房	餐饮	商场
单位销售价格(元)	1 000	300	200
单位变动成本(元)	20	150	140
单位贡献毛益(元)	980	150	60
贡献毛益率(%)	98	50	30
占总销售额的百分比(%)	50	45	5

现有销售组合情况如表3-6所示。

表3-6 销售组合情况表

项目	客房	餐饮	商场	合计	百分比(%)
销售组合(%)	45	40	15	100	
销售额	9 000	8 000	3 000	20 000	100
变动成本	180	4 000	2 100	6 280	31.4
贡献毛益	8 820	4 000	900	13 720	68.6
固定成本				8 600	
利润				5 120	
目标利润(万元)				6 000	

若饭店改变销售组方法提高利润,设客房、餐饮、商场销售组合为 $x, y, (1-x-y)$,则它们满足两个方程组成的方程组:

$$1\,000x + 300y + 200 \times (1-x-y) = 20\,000 \quad \text{①}$$
$$980x + 150y + 60 \times (1-x-y) = 6\,000 \quad \text{②}$$

则新的销售组合如表 3-7 所示。

表 3-7 新销售组合情况表

项目	客房	餐饮	商场	合计	百分比(%)
销售组合(%)	50	45	5	100	
销售额	10 000	9 000	1 000	20 000	100
变动成本	200	4 500	700	5 400	27
贡献毛益	9 800	4 500	300	14 600	73
固定成本				8 600	
利润				6 000	

若饭店采取改变价格的方法提高利润,则还需要改变其销售组合。

若企业采取改变成本的方法提高利润:

(1) 降低固定成本。由表 3-6 的数据可知,固定成本 = 13 720 - 6 000 = 7 720 万元时,可以实现目标利润。

(2) 降低单位变动成本。由于客房的贡献毛益率已经达到 98%,所以考虑提高另外两种产品的贡献毛益率,以只提高商场这一类为例,如表 3-8 所示。

表 3-8 调整后的销售组合情况表

项目	客房	餐饮	商场	合计	百分比(%)
销售组合(%)	45	40	15	100	
销售额	9 000	8 000	3 000	20 000	100
变动成本	180	4 000	1 220	5 400	27
贡献毛益	8 820	4 000	1 780	14 600	73
固定成本				8 600	
利润				5 120	

若饭店采取新产品开发的方法提高利润,则应特别关注贡献毛益率高的产品。

2. 计划权重法,是将饭店多种产品的贡献毛益额之和除以计划销售额之和,以求得加权平均贡献毛益率。由于不同产品的贡献毛益率有高有低,因此,采用此法所求得的加权平均贡献毛益率将受到饭店销售组合的影响。经营状况、产品品种结构比较稳定的企业可以使用这种方法。目标权重法是以各产品的贡献毛益率乘以目标权重,加权平均计算的贡献毛益率,这种方法比较适合各产品销售收入不易预测或是希望较好控制各产品的销售量的企业。历史数据法是依据企业近期的各产品历史数据,以加权平均计算的贡献毛益率作为分析年度的加权平均贡献毛益率。在运用历史数据法时应注意三点：第一，历史数据距离报告期越近，价值越高；第二，各产品的销售量应比较稳定；第三，各产品的贡献毛益率不应有大的变化。

在将多产品本量利分析技术运用到企业的经营决策当中时，由于企业管理者不可能准确地预测未来，所以，企业在确定加权平均贡献毛益率时可以使用以下两种方法来提高准确度：一是利用概率方法，通过可能发生的各种情况的变量值和相应的概率，确定企业的销售组合期望值，从而确定加权平均贡献毛益率；二是可以将企业各产品的销售比重从一个单一值拓展到一个比较可靠的销售比重区间，从而确定企业产品的加权平均贡献毛益率的取值范围。

第四章　经营预测

重点与难点

一、经营预测

（一）经营预测定义

经营预测是从对历史及现状的了解出发，对社会某种现象进行分析研究，运用一定的科学手段和方法，预计和推测事物未来发展趋势。其特点是根据过去和现在预计未来，根据已知推测未知。预测是决策的基础，它为决策提供有关未来的信息，从而为决策提供科学依据。

经营预测是各种预测的组成部分，它是对企业经营活动密切相关的经济现象或经济变量未来发展趋势的预计和推测。

（二）经营预测作用

(1) 经营预测是企业制订发展规划和进行经营决策的依据；
(2) 经营预测能增加企业的管理储备，增加企业的弹性；
(3) 经营预测有利于提高企业的竞争能力。

（三）经营预测分类

(1) 经营预测按范围划分，可分为宏观预测和微观预测；
(2) 经营预测按方法划分，可分为定性预测和定量预测；
(3) 经营预测按时间划分，可分为长期预测、中期预测和短期预测。

（四）经营预测的步骤

确定预测目标和要求→调查收集整理资料→选择预测方法，确定预测模型→分析和评价预测结果→追踪与反馈

二、销售预测

（一）销售预测定义

销售预测是在对市场进行充分调查的基础上，通过对有关因素的分析研究，预计和测算特定产品在未来一定时期内的市场销售水平及变化趋势，进而预测该项产品在计

划期间的销售量或销售额的过程。

（二）影响销售变动的因素

(1) 外界因素：需求动向、经济变动、行业内竞争动向、政府及消费者团体的动向。

(2) 内部因素：营销策略、销售政策、销售人员、生产状况。

（三）销售数量的预测

销售量的预测方法，有定性预测分析法和定量预测分析法。

1. 定性预测分析法

定性预测分析法根据参与者的不同，可分为经理评定法、销售人员合成法和专家意见法等。

2. 定量预测分析法

定量预测分析法可根据所掌握资料的情况又分以下几种方法：

(1) 简单移动平均法：销售预测数＝各期销售量（或销售额）之和/期数；

(2) 移动加权平均法：销售预测数＝各期销售量（或销售额）乘以其权数之和/各期权数之和；

(3) 指数平滑法（指数移动平均法）：销售预测额＝平滑系数×上期实际销售数＋(1－平滑系数)×上期预测销售数；

(4) 直线回归直线法：根据过去若干期间的销售量的实际资料，确定可以反映销售量变动趋势的一条直线（直线方程为 $y=a+bx$），并将此直线加以延伸，进而求出某产品销售量预测值。在直线回归方程 $y=a+bx$ 中，y 表示销售量预测值，x 表示预测期系数，a 表示常数，b 表示某时期内 y 的变化斜率。直线回归方程利用最小平方法可求得标准方程组：

$$\sum y = na + b\sum x$$
$$\sum xy = a\sum x + b\sum x^2$$

根据以上标准方程组，可确定直线回归方程中 a 和 b 的值。

三、成本预测

（一）成本预测定义

成本预测是指运用一定的科学方法，对未来成本水平及其变化趋势作出科学的估计。通过成本预测，掌握未来的成本水平及其变动趋势，有助于减少决策的盲目性，使经营管理者易于选择最优方案，作出正确决策。

（二）成本预测的基本方法

1. 定性预测方法

德尔菲法。

2. 定量预测方法

产量与成本的关系可以用下式表达：

$$Y=a+bX$$

式中:Y——产品总成本;
X——产品产量;
a——固定成本;
b——单位产品变动成本。

(1) 高低点法。高低点法指在若干连续时期中,选择最高业务量和最低业务量两个时点的成本数据,通过计算总成本中的固定成本、变动成本和变动成本率来预测成本。

利用代数式 $y=a+bx$,选用一定历史资料中的最高业务量与最低业务量的总成本(或总费用)之差 Δy,与两者业务量之差 Δx 进行对比,求出 b,然后再求出 a。

$$b=\Delta y/\Delta x,$$

即

单位变动成本=(最高业务量成本—最低业务量成本)/(最高业务量－最低业务量)
=高低点成本之差/高低点业务量之差

可根据公式 $y=a+bx$ 用最高业务量或最低业务量有关数据代入,求解 a。

$$a=最高(低)产量成本-b×最高(低)产量$$

(2) 趋势预测法,包括简单平均法、平均法和指数平滑法等。

a. 简单平均法:

$$预测期成本=历史各期成本之和÷期数$$

b. 移动平均法:

$$预测期成本=移动期内的各期历史成本之和÷移动期$$

c. 加权平均法:

$$预测期成本=\left(\sum 某期成本×该期权数\right)÷各期权数之和$$

d. 指数平滑法:

$$预测期成本=平滑系数×上期实际成本+(1-平滑系数)×上期预测成本$$

四、利润预测

(一) 利润预测定义

在销售预测的基础上,通过对产品的销售数量、价格水平、成本状况进行分析和测算,预测出企业在未来一定时期的利润水平。

(二) 影响利润的主要因素

产品的销售量、产品的销售价格、单位产品的变动成本、固定成本总额、产品的销售结构、产品的税率。

(三) 利润预测的方法

相关比率法、因素分析法、回归直线法和本量利分析法。

因素分析法预测利润方法步骤：

第一步，计算成本利润率：

本期（基年）成本利润率＝本期（基年）产品销售利润÷本期（基年）产品销售成本×100%

第二步，预测各因素对利润的影响值：

(1) 预测销量变动对利润的影响＝(预期销售成本－本期销售成本)×本期成本利润率

(2) 预测成本降低率对利润的影响＝预测总成本×成本降低率

(3) 预测价格变动时对利润的影响＝预计销量×变动前价格×价格变动率×(1－销售税率)＝预计销量×(变动后价格－原价格)×(1－销售税率)

(4) 预测产品品种结构变动对利润的影响＝预测总成本×(预计平均成本利润率－本期平均成本利润率)

(5) 预测产品销售税率变动对利润的影响＝预测销售收入×(1＋价格变动率)×(原税率－变动后税率)＝预测销量×变动后价格×(原税率－变动后税率)

第三步，计算计划期利润：

计划期利润＝基期利润±计划期各种因素的变动而增加或减少的利润

五、资金需要量预测

(一) 资金需要量预测定义

资金需要量预测是指企业根据生产经营的需求，对未来所需资金的估计和推测。

(二) 资金需要量预测的方法

1. 销售百分比法

(1) 预计销售收入增长率；

(2) 计算资产负债表中敏感项目与销售收入的百分比；

(3) 计算需要增加的资金：需增加的资金＝增加的资产－增加的自发性负债；

(4) 计算内部留存收益增加额：留存收益增加＝预计销售额×计划销售净利率×(1－股利支付率)

(5) 计算外部融资需求：外部融资需求＝(资产销售百分比×新增销售额)－(负债销售百分比×新增销售额)－留存收益增加额。

2. 资金习性预测法

在预测资金需求量时，可以以销售量作为原因变量，以资金需求量作为结果变量。假定资金需求量与销售量之间存在线性关系，则可用直线回归方程确定参数，进行资金需求量预测。即设产销量为自变量 x，资金占用量为因变量 y，它们之间关系可用下式表示：

$$资金总额(y) = 不变资金(a) + 变动资金(bx)$$

即根据一组历史的业务量与资金占用数据,依据 $y=a+bx$ 的线性关系,可得方程式:

$$b = \frac{n\sum xy - \sum x \sum y}{n\sum x^2 - (\sum x)^2}$$

$$a = \frac{\sum y - b\sum x}{n}$$

解出 a、b 后代入预测模型 $y=a+bx$。

关键概念

1. 经营预测
2. 趋势预测法
3. 因果预测法
4. 判断分析法
5. 销售百分比法
6. 经营杠杆系数

练习题

一、单项选择题

1. 趋势预测法中,(　　)在计算过程中需运用上期预测数的资料。
   A. 简单平均法　　　　　　　　B. 移动平均法
   C. 指数平滑法　　　　　　　　D. 指数平滑法

2. 下列各项中,属于因果预测分析法的是(　　)。
   A. 趋势平均法　　　　　　　　B. 移动平均法
   C. 本量利分析法　　　　　　　D. 指数平滑法

3. (　　)是根据人们的主观分析判断确定未来的估计值。
   A. 定量分析法　　　　　　　　B. 因果预测法
   C. 定性分析法　　　　　　　　D. 回归直线法

4. 下列各项销售预测方法中,没有考虑远近期销售业务对未来销售状况会产生不同影响的方法是(　　)。
   A. 移动平均法　　　　　　　　B. 算术平均法
   C. 指数平滑法　　　　　　　　D. 加权平均法

5. 下列属于定性分析法的是（　　）。
   A. 趋势分析法　　B. 调查分析法　　C. 因果分析法　　D. 高低点法
6. 经营杠杆系数可以揭示利润受下列指标之一变动影响的敏感程度，该指标是（　　）。
   A. 单价　　　　　B. 单位变动成本　C. 固定成本　　　D. 销售量
7. 某汽车厂今年销售汽车的历史资料如表4-1所示：

表4-1　汽车销售情况表

季度	1季度	2季度	3季度	4季度
销量（万辆）	13.5	13.2	13.8	14

则利用算术平均法预测明年1季度的汽车销售量为（　　）。
   A. 13.6　　　　　B. 13.625　　　　C. 13.2　　　　　D. 13.375
8. 预测方法分为两大类，是指定量预测法和（　　）。
   A. 平均法　　　　　　　　　　　　B. 定性预测法
   C. 回归直线法　　　　　　　　　　D. 指数平滑法
9. 南方机械厂2018—2022年的产量和历史成本数据如表4-2所示：

表4-2　产量和成本数据表

年度	产量（台）	单位变动成本（元）	固定成本总额（元）
2018	200	600	40 000
2019	300	610	52 000
2020	350	605	54 000
2021	400	610	56 000
2022	380	600	54 000

若计划年度产品产量为420台，利用高低点法预测总成本为（　　）元。
   A. 300 600　　　　　　　　　　　B. 320 600
   C. 320 040　　　　　　　　　　　D. 314 000
10. 经营杠杆系数等于1，说明（　　）。
    A. 固定成本等于零　　　　　　　B. 固定成本大于零
    C. 固定成本小于零　　　　　　　D. 与固定成本无关
11. 筹资预测常用的方法是（　　）。
    A. 销售百分比法　　　　　　　　B. 趋势分析法
    C. 回归直线法　　　　　　　　　D. 高低点法
12. 在盈亏临界点不变的情况下（　　）。
    A. 如果产品销售量超过保本点，销售越小，利润越大
    B. 如果产品销售量超过保本点，销售量越大，利润越大

C. 如果产品销售量不超过保本点,销售量越小,亏损越小

D. 如果产品销售量不超过保本点,销售量越大,亏损越大

13. 下列各项中,正确的是( )。
    A. 平滑指数越大,则近期实际数对预测值的影响就越大
    B. 平滑指数是一个建立在严密计算基础上的数据
    C. 进行近期预测或销量波动较大时的预测,应采用较小的平滑指数
    D. 平滑指数法跟加权平均法有本质的区别

14. 根据预测,某一产品的贡献毛益率为60%,安全边际率为60%,销售额为200万元,则可实现利润( )万元。
    A. 80　　　　　　B. 120　　　　　　C. 72　　　　　　D. 48

15. 某厂的产品单价1元,其变动成本为0.6元,固定成本总额为20 000元,预计明年实现税前净利4 000元,则预计目标销售量为( )。
    A. 4 000个
    B. 60 000个
    C. 40 000个
    D. 6 000个

16. 下列哪种说法是正确的( )。
    A. 采用指数平滑法,计算以前若干期的平均数和趋势平均数时,前后各个时期的权数相同
    B. 采用趋势分析法,对不同时期的资料采取不同的权数,越是远期,权数越小
    C. 采用趋势分析法,对不同时期的资料采取不同的权数,越是远期,权数越大
    D. 采用趋势分析法,计算以前若干时期的平均数和趋势平均数时,前后各个时期的权数相同

17. 当经营杠杆系数为2,目标利润变动率为10%时,销售变动率为( )。
    A. 5%　　　　　　B. 8%　　　　　　C. 12%　　　　　　D. 20%

18. 销售预测的趋势平均法( )。
    A. 不能缩小偶然因素
    B. 适用于销售额基本稳定的产品
    C. 能够消除一些偶然的因素
    D. 没有考虑发展趋势

二、多项选择题

1. 在采用销售百分比法进行资金需要量预测时,( )项目随着销售的变化而变化。
    A. 货币资金
    B. 应付账款
    C. 固定资产
    D. 应交税费

2. 下列各项中,属于预测分析内容的有( )。
    A. 销售预测
    B. 利润预测
    C. 成本预测
    D. 筹资预测

3. 下列因素对产品成本有影响的是( )。
    A. 直接材料消耗变动
    B. 劳动生产率变动
    C. 直接材料价格变动
    D. 工资水平变动

4. 下列各项中可以作为目标利润率标准的有（　　）。
   A. 投资报酬率　　　　　　　　　B. 销售利润率
   C. 产值利润率　　　　　　　　　D. 资金利润率
5. 销售预测常用的方法有（　　）。
   A. 趋势分析法　　　　　　　　　B. 判断分析法
   C. 因果分析法　　　　　　　　　D. 销售百分比法
6. 在销售量上升时，经营杠杆系数（　　）。
   A. 不变　　　　　　　　　　　　B. 上升
   C. 下降　　　　　　　　　　　　D. 成反比例变动
7. 下列说法正确的有（　　）。
   A. 在销售量不变的情况下，单位变动成本或固定成本越高，则保本点越低
   B. 在销售量不变的情况下，单位变动成本或固定成本越小，则保本点越低
   C. 在销售量不变的情况下，保本点越低，则能实现更多利润或更少的亏损
   D. 在保本点不变的情况下，销售量越大，则能实现更多利润或更少的亏损
8. 下列属于定性分析法的有（　　）。
   A. 推销员判断法　　　　　　　　B. 综合判断法
   C. 专家判断法　　　　　　　　　D. 因果预测法
9. 预测的特点是（　　）。
   A. 鲜明性　　　B. 近似性　　　C. 科学性　　　D. 局限性
10. 下列公式正确的有（　　）。
    A. 预计利润＝销售量×单位贡献毛益－固定成本总额
    B. 预计利润＝安全边际额×贡献毛益率
    C. 预计利润＝基期利润×（1＋销售增长率×经营杠杆率）
    D. 预计利润＝销售额×贡献毛益率－固定成本总额

三、判断题

1. 预测分析项目所选取的样本越大，预测结果越正确。　　　　　　　　（　　）
2. 成本预测是其他各项预测的前提。　　　　　　　　　　　　　　　　（　　）
3. 销售预测中的算术平均法适用于销售量略有波动的产品的预测。　　　（　　）
4. 因果预测法就是回归直线法。　　　　　　　　　　　　　　　　　　（　　）
5. 只要固定成本不等于零，经营杠杆系数大于1。　　　　　　　　　　 （　　）
6. 产销量的变动与经营杠杆系数的变动方向相同。　　　　　　　　　　（　　）
7. 加权平均法与算术平均法没有任何相似之处。　　　　　　　　　　　（　　）
8. 趋势平均法对历史上各期资料同等对待，权数相同。　　　　　　　　（　　）
9. 预测就是对已经发生的事件作出叙述和描述。　　　　　　　　　　　（　　）
10. 定性分析法和定量分析法在实际应用中是相互排斥的。　　　　　　 （　　）

11. 采用德尔菲法进行预测准备、提出预测要求时,应将所选定的专家召集在一起开会研究预测事宜。（　　）

四、简答题

1. 什么叫定量预测法和定性预测法？在实际工作中为什么要将两者结合起来加以应用？
2. 利润预测的方法有哪些？
3. 采用趋势预测分析法时应当注意的问题有哪些？
4. 在生产量小于销售量的市场环境下,应如何进行销售预测？此时销售预测的关键是什么？

五、计算题

1. 已知：某企业生产一种产品,2018年1—12月份的销售量资料如表4-3所示：

表4-3　产品销售表

月份	1	2	3	4	5	6	7	8	9	10	11	12
销量(吨)	10	12	13	11	14	16	17	15	12	16	18	19

要求：按平滑指数法(假设2018年12月份销售量预测数为16吨,平滑指数为0.3),预测2019年1月份销售量。

2. 已知：某企业只生产一种产品,本年销售量为20 000件,固定成本为25 000元,利润为10 000元,预计下一年销售量为25 000件(假设成本、单价水平不变)

要求：预测下年的利润额。

3. 已知：某企业生产一种产品,最近半年的平均总成本资料如表4-4所示：

表4-4　平均总成本表　　　　　　　　　　　　　　　　　单位：元

月份	固定成本	单位变动成本
1	12 000	14
2	12 500	13
3	13 000	12
4	14 000	12
5	14 500	10
6	15 000	9

要求：当7月份产量为500件时,采用加权平均法预测7月份产品的总成本和单位成本。

4. 中盛公司2019年的销售额为1 000 000元,这已是公司的最大生产能力。假定税后净利占销售额的4%,计40 000元,已分配利润为税后净利的50%,即

20 000 元。预计 2020 年销售量可达 1 500 000 元,已分配利润仍为税后净利的 50%。中盛公司 2019 年 12 月 31 日的资产负债表如表 4-5 所示。

表 4-5　中盛公司资产负债表

2019 年 12 月 31 日　　　　　　　　　　　　　　　　　　　　　　　单位:元

资产		负债及所有者权益	
银行存款	20 000	应付账款	150 000
应收账款	170 000	应付票据	30 000
存货	200 000	长期借款	200 000
固定资产	300 000	实收资本	400 000
无形资产	110 000	未分配利润	20 000
资产合计	800 000	负债及所有者权益合计	800 000

要求:根据所提供的资料,预测中盛集团 2020 年的资金需求量。

案例分析

冠华科技公司是 2018 年成立的高新科技公司,该公司自成立以来,只生产"冠华硬盘"一种产品,且一直遵循科技和质量并抓的思路,销售量呈逐年稳定上升的良好势头,加上 2018 年国内内存产品市场非常好,冠华科技公司实现了 10 000 个的销售量。产品的市场单价为每个 200 元,生产的单位变动成本为每个 150 元,固定成本为 400 000 元。

2018 年年底,冠华科技公司开始预测 2019 年的利润情况,以便为下一步的生产经营做好准备。经过讨论,公司财务总监张为之,决定按同行业先进的资金利润率预测 2019 年该公司的目标利润基数,并且通过行业的一些基础资料得知行业内先进的资金利润率为 20%,预计公司的资金占用额为 600 000 元。

假如你是冠华科技公司外聘的财务顾问,请你利用灵敏度指标进行测算,并给出你的咨询方案,即企业若要实现目标利润,应该采取哪些单项措施。

练习题答案

一、单项选择题

1. C　2. C　3. C　4. B　5. B　6. D　7. B　8. D　9. D　10. A　11. A

12. B 13. A 14. C 15. B 16. D 17. A 18. A

二、多项选择题

1. ABD 2. ABCD 3. ABCD 4. BCD 5. ABC 6. CD 7. BCD 8. ABC
9. BCD 10. ABCD

三、判断题

1. √ 2. × 3. × 4. × 5. √ 6. × 7. × 8. √ 9. × 10. ×
11. ×

四、简答题

1. 定量预测法一般是根据过去的比较完备的统计资料,运用数学方法建立可以体现变量之间数量关系的模型,并利用这一模型来预测对象在未来可能体现的数量。定量预测具体又可分为趋势预测法(时间序列分析法)和因果关系分析法;定性预测法主要是借助有关专业人员的知识技能、实践经验和综合分析能力,在调查研究的基础上,对某一事物未来的发展趋势做出判断或推测的方法。在实际工作中,预测人员应根据具体情况把定量分析法和定性分析法结合起来加以应用,当企业无法取得准确完备的数据资料时,只得采用定性预测法。当企业拥有较完备准确的数据资料,在运用定量预测法进行预测时,往往也需要同时采用定性预测法就影响预测对象的非计量因素做出估计和判断,以提高预测效果。

2. 利润的预测主要包括相关比率法、因素分析法、回归直线法和本量利分析法。

3. 趋势预测分析法是根据企业历史的、按发生时间的先后顺序排列的一系列销售数据,应用一定的数学方法进行加工处理,按时间数列找出销售随时间而发展变化的趋势,由此推断其未来发展趋势的分析方法。常用的趋势分析法有算术平均法、加权平均法、指数平滑法等。采用趋势预测分析法应当注意:(1)该方法假设事物的发展将遵循"延续性原则",是可以预测的,因此发现销售变化的规律是十分重要的。(2)根据销售变化的规律采用适当的预测方法,如在销售比较稳定的情况下,往往采用算术平均法,而当产品销售呈现某种上升或下降的趋势,则应采用加权平均法或指数平滑法。(3)根据管理的不同要求,适当地灵活应用。在采用指数平滑法时,如果用于近期预测,a 的取值应大;而用于远期预测,a 的取值应小。

4. 在生产量小于销售量的市场环境下,由于企业面临的结构性问题是生产不出来,因此应采用以产定销、促产增销的策略。这时,企业预测应从生产预测开始,而生产预测又应围绕有限资源展开(如材料、员工、设备)。在有限资源预测(如以材料、员工或设备为中心的流动资金需要量预测、固定资金需要量预测、资金需要总量预测)的基础上,进行生产预测,进而进行销售预测。此时销售预测的关键是能生产多少及相关资源(如材料、员工、设备)的支持。

五、计算题

1. 2019 年 1 月的预测销售量 $= 0.3 \times 19 + (1 - 0.3) \times 16 = 16.9$(吨)

2. 根据已知条件,可以计算得出:

本年贡献毛益 $= 10\,000 + 25\,000 = 35\,000$(元)

单位贡献毛益＝35 000÷20 000＝1.75(元/件)
下年预计贡献毛益＝1.75×25 000＝43 750(元)
预计下年利润额＝43 750－25 000＝18 750(元)

3. $\sum aw = 12\,000 \times 1 + 12\,500 \times 2 + 13\,000 \times 3 + 14\,000 \times 4 + 14\,500 \times 5 + 15\,000 \times 6 = 294\,500(元)$

$$\sum bw = 14 \times 1 + 13 \times 2 + 12 \times 3 + 12 \times 4 + 10 \times 5 + 9 \times 6 = 228(元)$$

$$\sum w = 1 + 2 + 3 + 4 + 5 + 6 = 21(元)$$

$$\bar{a} = \frac{\sum aw}{\sum w} = 294\,500 \div 21 = 14\,023.81, \bar{b} = \frac{\sum bw}{\sum w} = 228 \div 21 = 10.86(元)$$

预测模型：$y = 14\,023.81 + 10.86x$

当 $x = 500$ 时，$y = 14\,023.81 + 10.86 \times 500 = 19\,453.81(元)$

单位成本＝19 453.81÷500＝38.91(元/件)

4. 根据 2019 年 12 月 31 日的资产负债表，分析各项目与当年销售收入总额的依存关系，并编制该年度用销售百分比形式反映的资产负债表，如表 4-6 所示。

表 4-6　中盛公司资产负债表(按销售百分比形式反映)

2019 年 12 月 31 日　　　　　　　　　　　　　　　　　　　　　　单位：元

资产		负债及所有者权益	
银行存款	20 000/1 000 000＝2％	应付账款	150 000/1 000 000＝15％
应收账款	170 000/1 000 000＝17％	应付票据	不变动
存货	200 000/1 000 000＝20％	长期借款	不变动
固定资产	300 000/1 000 000＝30％	实收资本	不变动
无形资产	不变动	未分配利润	不变动
资产合计	69％	负债及所有者权益合计	15％

未来年度每增加 1 元的销售量需要增加筹资的百分比为：69％－15％＝54％。

上述计算表明，销售每增加 1 元，全部资产将增加 0.69 元，负债将增加 0.15 元，因此，尚欠 0.54 元需要通过筹资取得。因此，预计 2020 年应筹集资金为：

(1 500 000－1 000 000)×54％＝270 000(元)。

最后，还应估计新增利润，并考虑可从未分配利润中获取部分资金等因本案例中，2020 年销售收入为 1 500 000 元，按照税后净利占销售额 4％计算，为 60 000 元，已分配利润 300 元，未分配的 30 000 元利润可以冲抵部分分资额。

因此，预计的筹资额应为：270 000－30 000＝240 000(元)。

案例分析答案

(1) 首先根据预测，计算出 2019 年目标利润基数为 120 000 元（20%×600 000）。

(2) 再计算相关因素的灵敏度指标，通过计算可以得出 2018 年利润 P 为 100 000 元，依题意计算各因素的中间变量如下：

$M_1 = px = 200 \times 10\,000 = 2\,000\,000$（元）

$M_2 = bx = 150 \times 10\,000 = 1\,500\,000$（元）

$M_3 = Tcm = (200 - 150) \times 10\,000 = 500\,000$（元）

$M_4 = a = 400\,000$ 元

分别将 M 和 P 代入公式，得：

单价的灵敏度 $(S_1) = M_1/P \times 1\% = 20\%$

单位变动成本的灵敏度 $(S_2) = M_2/P \times 1\% = 15\%$

销售量的灵敏度 $(S_3) = M_3/P \times 1\% = 5\%$

固定成本的灵敏度 $(S_4) = M_4/P \times 1\% = 4\%$

可见，该公司单价的灵敏度指标最高，单位变动成本次之，再其次是销售量，固定成本的灵敏度指标最低，即企业利润受单价的影响最大，受固定成本的影响最小。

(3) 最后分析企业若要实现目标利润，应该采取哪些单项措施。

$K_0 = (120\,000 - 100\,000)/100\,000 = 20\%$

$S_1 = 20\%$，$S_2 = 15\%$，$S_3 = 5\%$，$S_4 = 4\%$

单价的变动率 $(K_1) = (-1)^{1+1} \times 20\%/20\% \times 1\% = 1\%$

单位变动成本的变动率 $(K_2) = (-1)^{1+2} \times 20\%/15\% \times 1\% = -1.33\%$

销售量的变动率 $(K_3) = (-1)^{1+3} \times 20\%/5\% \times 1\% = 4\%$

固定成本的变动率 $(K_4) = (-1)^{1+4} \times 20\%/4\% \times 1\% = -5\%$

于是可以得出以下结论：2019 年冠华科技公司只要采取以下任何一个单项措施，就可以完成利润增长 20%（即实现目标利润基数 120 000 元）的任务，即提高单价 1%、降低单位变动成本 1.33%、增加销售量 4%、压缩固定成本 5%。

第五章 经营决策

重点与难点

一、经营决策的基本概念

（一）差别成本

差别成本指的是可供选择的决策方案之间预期成本的差额，或者由于生产能力利用程度不同而形成的成本差别。

（二）机会成本

机会成本指的是由于选择了最优方案而放弃的次优方案可能取得的利益。

（三）边际成本

边际成本指每增加一个单位产量所追加的成本。

（四）沉没成本

沉没成本是根据过去的决策结论而发生，无法由现在和将来的任何决策所能改变的成本。

（五）体现成本

体现成本是由某项决策而引起的未来某一时期内需要用现金支付的成本。

（六）专属成本和共同成本

专属成本是指可以明确归属于企业生产的某种产品或某个部门的成本，共同成本是指为多种产品的生产或为多个部门的设置而发生的，应由这些产品或部门共同分担的成本。

（七）可避免成本和不可避免成本

可避免成本是其发生与否及发生金额多少都会受到企业管理决策影响的那部分成本。不可避免成本是某项决策行动不能改变其数额的成本。

（八）可延缓成本和不可延缓成本

可延缓成本是指生产经营决策中对其暂缓开支不会对企业未来的生产经营产生重大不利影响的那部分成本。不可延缓成本是已选定的某一项决策方案必须马上实施，否则会影响到企业生产经营的正常运行与其相关的成本。

（九）相关成本和无关成本

相关成本是与特定决策方案相联系，会对决策产生重大影响决策中必须予以充分考虑的支出。无关成本是过去发生的，与某项决策没有直接联系的成本。

二、经营决策的基本方法

（一）本量利分析法

本量利分析法，即根据各备选方案的成本、业务量、利润之间的依存关系，以盈亏为评价方案的标准对备选方案进行取舍，确定在不同情况下最优方案的方法。

（二）贡献毛益法

贡献毛益是指产品收入在抵偿变动成本后能够提供的贡献，贡献毛益法是通过比较各备选方案贡献毛益的大小来确定最优方案的分析方法，常用于是否停产的决策中，某些情况下，只要产品能够提供贡献毛益，虽然会发生一定的亏损，也被认为是可行的。一般情况下，以贡献毛益的总额或贡献毛益总额减去某个方案的专属成本为决策依据，如果存在企业资源受到限制的情况，以单位资源的贡献毛益作为决策依据。

（三）差量分析法

差量分析法就是分别计算两个方案的差别收入和差别成本，若差别收入大于差别成本，则选择第一个方案；反之，则选择第二个方案。

（四）成本平衡分析法

成本平衡分析法是在业务量未知时，通过找到成本平衡点，来确定不同情况下该选择哪一个方案的方法。常用于业务量未知时进行生产工艺选择及零件取得方式的决策。

成本平衡点业务量＝两方案固定成本之差/两方案相关单位变动成本之差

若令成本平衡点业务量为 X_0，甲方案固定成本为 a_1，单位变动成本为 b_1，乙方案固定成本为 a_2，单位变动成本为 b_2，且满足 $a_1 > a_2$，$b_1 < b_2$，则有：

$$X_0 = \frac{a_1 - a_2}{b_2 - b_1}$$

若业务量大于成本平衡点，则固定成本高的方案更优，反之则固定成本低的方案更优。

三、短期经营决策分析

（一）生产何种产品决策

当两种产品都不需要追加专属固定成本时，可以比较其贡献毛益总额，选择贡献毛益总额大的产品；

当产品需要追加专属固定成本时，可以比较产品的剩余贡献毛益大小，选择剩余贡

献毛益大的产品;

当企业的某项资源,如原材料、人工工时、机器工时等受到限制时,可以通过比较各备选方案的单位资源的贡献毛益来进行决策。

$$贡献毛益总额 = 产品总收入 - 变动成本总额$$
$$剩余贡献毛益 = 贡献毛益总额 - 专属固定成本$$
$$单位资源的贡献毛益 = 贡献毛益总额/资源消耗总额$$

(二) 亏损产品是否停产、转产

1. 闲置的生产能力不能转移

如果亏损产品停产后,闲置的生产能力不能转移,那么就应该计算亏损产品的贡献毛益总额,如果该产品虽然亏损,但仍旧能够提供贡献毛益,那么它提供的贡献毛益能够为其他产品抵偿一部分固定成本,就不应该停产。

2. 闲置的生产能力可以转移

如果亏损产品停产后,闲置的生产能力可以转移,那么就存在机会成本;如果亏损创造的贡献毛益大于转移生产能力的机会成本,就不应该停产;如果转移生产能力的机会成本大于亏损创造的贡献毛益,就应该停产。

(三) 最优生产批量

最优生产批量决策即在全年产量已定的基础上,决定每批生产多少数量,全年分几批生产对企业来说成本最低、最经济的决策。

在这个决策中,相关的成本包括生产准备成本和储存成本,其中生产准备成本与批量无关,但与批数成正比,储存成本指产品储存一个单位期间的成本。当只有一种产品分批生产时,它的最优生产批量决策:

年成本合计 $T_C = \dfrac{D}{Q}F + \dfrac{1}{2}Q\left(1-\dfrac{d}{p}\right)C$

利用微分法求 T_C 为极小值时的 Q 值(具体推导过程省略,读者可自行参阅其他著作):

最优生产批量 $(Q^*) = \sqrt{\dfrac{2DF}{C} \cdot \dfrac{p}{p-d}}$

最优生产批次 $(N^*) = \dfrac{D}{Q} = \sqrt{\dfrac{DC}{2F} \cdot \left(1-\dfrac{d}{p}\right)}$

最优批量的全年总成本 $(T_C) = \sqrt{2DFC \cdot \left(1-\dfrac{d}{p}\right)}$

(四) 追加订货

追加订货一般是指客户在企业还有一定的剩余生产能力的情况下,以低于市场价格的情况追加订单,管理人员对是否接受追加进行决策。一般采用差量分析法或贡献毛益法。

(五) 零件自制或外购

这类决策一般采用差量分析法,计算差别成本,选择成本较低的方案。自制零件的成本一般只包括变动成本,外购零件一般包括买价、运费、订货费等。如果零件需要量

不确定,则需要采用成本平衡分析法

(六) 半成品加工或出售

在这类决策中,一般采用差量分析法进行决策。决策时只需要考虑进一步加工后的相关收入是否超过相关成本,如果前者大于后者,则应进一步加工;反之,则应直接出售。对这类问题,深加工前的半成品、联产品的成本,无论是固定成本还是变动成本都属于沉没成本,是与决策无关的成本,相关成本只包括与深加工有关部门的成本;而相关收入则包括直接出售和加工后出售的有关收入。

产品定价决策:

在激烈的市场竞争中,企业必须根据市场情况和影响产品价格变动的有关因素,制定合理的产品价格,以增强产品的市场竞争力,提高企业的盈利水平。定价决策采用的方法很多,最常见的与成本有关的定价方法主要有两种,完全成本加成法和变动成本加成法。

1. 完全成本加成法

$$产品单位售价 = 单位产品完全成本 \times (1 + 加成率)$$

加成百分比可按照下列公式确定:

$$加成百分比 = \frac{(投资额 \times 期望的投资报酬率) + 非制造成本}{产量 \times 单位制造成本}$$

2. 变动成本加成法

$$产品单位售价 = 单位产品变动成本 \times (1 + 加成率)$$

加成百分比可按照下列公式确定:

$$加成百分比 = \frac{(投资额 \times 期望的投资报酬率) + 固定成本}{产量 \times 单位变动成本}$$

在产品最优售价决策中,利用边际成本等于边际收入时利润最大,这一经济学的基本原理制定产品价格的方法称为边际分析法。

四、风险型决策和不确定型决策

(一) 风险型决策分析

风险型决策是指与决策相关因素的未来状况不能完全确定但却能以概率表示其可能性大小无论选择哪一种方案都带有一定风险的决策。风险型决策常用的方法是决策树分析法。

(二) 不确定型决策分析

不确定型决策是指决策者在进行某项决策时,对影响决策相关因素的未来情况不仅不能完全确定,而且连出现各种可能结果的概率也无法确切地进行预计的决策。在不确定性决策中,常用的分析方法有:小中取大法、大中取小法、大中取大决策法、折中决策法。小中取大法,是指在几种不确定的随机事件中,选择最不利情况下收益值最大的方法作为最优方案的一种非概率方法。大中取小法,是指在几种不确定的随机事件中,选择最大后悔值中最小的方案作为最优方案的一种非概率方法。大中取大法,是指在几种不确定的随机事件中,选择最有利情况下收益值最大的方案作为最优方案的一种非概率方法。折中决策法,是指在不确定的几种随机事件中要求决策者对未来情况采取一种现实主义的折中标准,保持一定的乐观态度,而非盲目乐观。

关键概念

1. 差别成本
2. 机会成本
3. 专属成本
4. 沉没成本
5. 相关成本
6. 本量利分析法
7. 贡献毛益法
8. 差量分析法
9. 成本平衡分析法
10. 最大后悔值法
11. 成本加成定价法
12. 风险型决策

练 习 题

一、单项选择题

1. 某公司每年可能需要用 A 产品 500 件,外购价格为 13 元,现在公司有剩余生产能力可用来生产 A 产品,但需要增加专属成本 2 000 元,自制时单位变动成本 5 元,下列说法正确的是( )。
   A. 当实际需要量大于 500 件时选自制方案
   B. 当实际需要量大于 500 件时选外购方案
   C. 当实际需要量小于 150 件时选自制方案
   D. 当实际需要量小于 250 件时选自制方案
2. 因实施某项具体方案而引起的成本称为( )。
   A. 专属成本   B. 增量成本
   C. 联合成本   D. 机会成本

3. 某工厂经过一定工序加工后的半成品可立即出售,也可继续加工后再出售。若立即出售可获利 5 000 元,继续加工后再出售可获利 6 510 元,则继续加工方案的机会成本为(   )。
   A. 1 510 元   B. 5 000 元
   C. 6 510 元   D. 11 510 元

4. 在经营决策中,由中选的方案负担的、按所放弃的次优方案潜在收益计算的那部分资源损失,就是所谓(   )。
   A. 增量成本   B. 机会成本
   C. 专属成本   D. 沉没成本

5. 某厂为扩大产品的产量,针对三种可能出现的自然状态,拟定三个不同方案,各方案在不同状态下的损益如表 5-1 所示。

表 5-1 损益表

扩大生产方案	销路较好	销路一般	销路差
方案一	80	60	−25
方案二	120	30	−45
方案三	50	20	0

若采用小中取大法,应选择(   )。
   A. 方案一   B. 方案二
   C. 方案三   D. 无法确定

6. 小中取大法、大中取小法和大中取大法是非确定型决策中常用的三种方法,以下有关其特性的表述正确的是(   )。
   A. 三种方法将得出相同的结论
   B. 大中取大法最为乐观,大中取小法最为保守
   C. 当不利自然状态出现的可能性较大时,宜采用小中取大法
   D. 当不同自然状态出现的可能性相当时,最好采用大中取小法

7. 某工厂有 500 件积压甲产品,总制造成本为 50 000 元,如果花 20 000 元再加工出售,可能得到收入 35 000 元,该批产品也可卖给某公司,可得收入 8 000 元。在分析这个备选方案中,沉没成本是(   )。
   A. 8 000 元   B. 15 000 元
   C. 20 000 元   D. 50 000 元

8. 在生产能力无法转移的情况下,如果亏损产品能够产生贡献毛益,则(   )。
   A. 立即停产   B. 继续生产
   C. 立即停产和继续生产均可   D. 无法做出决策

9. 在半成品是否深加工决策中,必须考虑的由于对半成品深加工而追加的变动成本,称为(   )。
   A. 联合成本   B. 共同成本   C. 机会成本   D. 专属成本

10. 某公司使用同一套设备可生产甲、乙两种产品,其中生产甲产品每件需要 10 机器小时,生产乙产品每件需要 8 机器小时,甲、乙产品的单位贡献毛益同为 18 元,则(   )。
    A. 生产甲产品有利
    B. 生产乙产品有利
    C. 生产甲、乙产品一样有利
    D. 分不清哪种产品有利

11. 生产能力无法转移时,亏损产品满足下列(   )即应当停产。
    A. 该亏损产品的单价大于其单位变动成本
    B. 该亏损产品的贡献毛益大于零
    C. 该亏损产品的贡献毛益小于零
    D. 该亏损产品的变动成本小于其收入

12. 在进行半成品是否进一步加工的决策时,应对半成品在加工后增加的收入和(   )进行分析研究。
    A. 进一步加工前的变动成本
    B. 进一步加工的成本
    C. 进一步加工前的全部成本
    D. 加工前后的全部总成本

13. 生产准备成本与储存成本的关系是(   )。
    A. 同向变化
    B. 反向变化
    C. 没有关系
    D. 以上皆有可能

14. 在零件自制或外购决策中,如果零件的需要量尚不确定,应当采用的决策方法是(   )。
    A. 相关收益分析法
    B. 差量分析法
    C. 相关成本分析法
    D. 成本平衡分析法

15. 分析、评价产品增产方案决策的根据是(   )。
    A. 单位产品提供的贡献毛益
    B. 单位生产能力提供的贡献毛益
    C. 单位产品提供的净收益
    D. 单位产品提供的总收入

16. 假设某种零件需要外购,全年耗用量为 7 200 件,预计每天最大耗用量为 25 件,订货提前期为 10 天,假设全年为 360 天,则订货点为(   )。
    A. 200 件
    B. 250 件
    C. 300 件
    D. 350 件

17. 在短期经营决策中,只要对方出价低于(   ),企业不应接受追加订货。
    A. 单位产品成本
    B. 单位变动成本
    C. 正常价格
    D. 单位固定成本

18. 在半成品深加工决策中,下列成本中属于相关成本的是(   )。
    A. 半成品成本
    B. 半成品中的固定成本
    C. 半成品中的变动成本
    D. 因深加工而追加的固定成本

19. 下列各项中,属于无关成本的是(   )。
    A. 沉没成本
    B. 增量成本
    C. 机会成本
    D. 专属成本

20. 在管理会计中将决策分为确定型决策、风险型决策、不确定型决策的分类标志是（　　）。
   A. 决策的重要程度
   B. 决策条件的肯定程度
   C. 决策规划时间的长短
   D. 决策解决问题的内容

21. 某企业生产 A 产品，经进一步加工后可生产 B 产品。A、B 两种产品的市场销售价格分别是 50 元/千克和 120 元/千克，A 产品进一步加工生产 B 产品每年需要追加固定成本 20 000 元。若 A、B 两种产品的投入产出比为 1：0.6，则该公司应该（　　）。
   A. 进一步加工生产 B 产品
   B. 当企业的生产能力超过每年生产 A 产品 1 250 千克（或每年生产 B 产品 750 千克）时，将 A 产品进一步加工成 B 产品
   C. 出售 A 产品，不应该进一步加工成 B 产品
   D. 任意决定是否进一步加工生产 B 产品

22. 某工厂需要的零件甲的外购单价为 10 元，现领导决定自行生产，单位变动为 6 元，且每年需要追加 10 000 元的固定成本，则当该零件的年需要量为（　　）件时，外购或自制都可以。
   A. 2 500
   B. 3 000
   C. 2 000
   D. 1 800

23. 某厂现有 A 产品 2 000 件，每件售价为 15 元；也可以将 A 产品进一步加工成 B 产品，加工成本为 9 500 元，加工后每件售价 24 元，则进行进一步加工的机会成本为（　　）
   A. 48 000 元
   B. 30 000 元
   C. 38 500 元
   D. 18 000 元

24. 某企业全年需要甲材料 240 吨，每次进货成本为 40 元，每吨材料的年储存成本为 12 元，则每年的最佳进货次数为（　　）次。
   A. 3
   B. 4
   C. 6
   D. 9

25. 某企业每年需要甲材料 1 000 千克，每公斤储存成本为 5 元，每次订货成本为 100 元，则经济订货批量为（　　）千克。
   A. 5
   B. 200
   C. 7
   D. 141

二、多项选择题

1. 库存决策的主要任务是确定（　　）。
   A. 安全存量
   B. 经济订货量
   C. 经济订货点
   D. 缺货损失

2. 下列属于决策相关成本的有（　　）。
   A. 差别成本
   B. 机会成本
   C. 共同成本
   D. 专属成本

3. 按决策的性质，决策可分为（　　）。

A. 确定型 B. 风险型
C. 非确定型 D. 保守型性

4. 采用贡献毛益分析法时,能够作为评价标准的指标有( )。
   A. 单位贡献毛益 B. 剩余贡献毛益
   C. 贡献毛益总额 D. 贡献毛益率

5. 非确定型决策常用的方法有( )。
   A. 小中取大决策法 B. 大中取小决策法
   C. 小中取小决策法 D. 大中取大决策法

6. 在存在数量折扣的情况下,与库存决策相关的成本有( )。
   A. 采购成本 B. 订货成本
   C. 储存成本 D. 缺货成本

7. 缺货成本是指由于存货不足、供应中断造成的损失,包括( )。
   A. 停工损失 B. 加急费用
   C. 合同违约金 D. 信誉损失

8. 下列各项中,能够正确表述订货成本特征的有( )。
   A. 它与订货次数多少有关 B. 它与订货次数多少无关
   C. 它与订货次数成正比例变动 D. 它是相关成本

9. 运用贡献毛益法进行决策分析时,必须以( )判断备选方案的优势。
   A. 贡献毛益总额 B. 单位小时贡献毛益
   C. 单位贡献毛益 D. 贡献毛益率

10. 下列各项价格中,符合最优售价条件的有( )。
    A. 边际收入等于边际成本时的价格 B. 边际利润等于零时的价格
    C. 收入最多时价格 D. 利润最大时的价格

11. 评价企业经营安全程度的指标包括( )。
    A. 安全边际量 B. 安全边际额
    C. 安全边际率 D. 贡献毛益率

12. 特别订货定价决策中的相关成本包括( )。
    A. 增量成本 B. 专属成本
    C. 付现成本 D. 机会成本

13. 决策树分析方法的优点在于( )。
    A. 计算简便 B. 鲜明易懂
    C. 形象化 D. 综合化

14. 在是否接受追加订货的决策中,如果发生了追加订货冲击正常任务的现象,就意味着( )。
    A. 不可能完全利用其绝对剩余生产能力来组织追加订货的生产
    B. 会因此带来机会成本
    C. 追加订货大于绝对剩余生产能力
    D. 因追加订货有特殊要求必须追加专属成本

15. 完全成本加成定价法中的价格包括下列部分（　　）。
    A. 单位产品制造成本　　　　　　　　B. 全部固定成本
    C. 非制造成本　　　　　　　　　　　D. 目标利润

16. 风险型决策的特点包括（　　）。
    A. 各种备选方案的各项条件已知
    B. 各种备选方案的各项条件需以决策者的经验判断所确定的主观概率做决定依据
    C. 每一个方案的执行都会出现两种以上的不同结果一个方案的结果是唯一的
    D. 各项条件已知，但表现出若干个变动趋势

17. 大中取小法是（　　）。
    A. 乐观决策法　　　　　　　　　　　B. 悲观决策法
    C. 最小的最大后悔值法　　　　　　　D. 非确定型决策常用的方法

18. 下列存在差别成本的决策包括（　　）。
    A. 半成品应否进一步加工的决策　　　B. 零部件外购或自制的决策
    C. 特定订货应否接受的选择　　　　　D. 某种产品的生产应否停产的决策

19. 下列各项中，属于生产经营决策相关成本的有（　　）。
    A. 不可避免成本　　　　　　　　　　B. 机会成本
    C. 专属成本　　　　　　　　　　　　D. 沉没成本

20. 对于机会成本的说法正确的是（　　）。
    A. 如果接受订货，由于加工能力不足而挪用正常订货所放弃的有关收入是接受订货方案的机会成本
    B. 亏损产品如果停产可以转产其他产品，转产的贡献毛益是继续生产亏损产品的机会成本
    C. 接受订货需要租用设备的租金为接受订货方案的机会成本
    D. 不接受订货将设备出租，此租金是接受订货方案的机会成本

21. 下列不确定决策方法中，属于保守决策方法的有（　　）。
    A. 折中决策法　　　　　　　　　　　B. 大中取大法
    C. 大中取小法　　　　　　　　　　　D. 小中取大法

22. 企业的短期决策就其具体内容而言可分为（　　）。
    A. 生产决策　　　　　　　　　　　　B. 风险决策
    C. 定价决策　　　　　　　　　　　　D. 存货决策

23. 大中取小法的后悔值是（　　）。
    A. 已采用某方案所导致的最大机会成本
    B. 采用了某方案而没有采用其他方案而丧失的收益
    C. 采用了最差条件下的最好方案，而当出现最好条件时决策者感到后悔的数值
    D. 所有方案在所有自然状态下的最大收益值与采用某方案的收益值之差

24. 企业在存货上所花费的总成本包括（　　）。
   A. 采购成本　　　　　　　　　B. 储存成本
   C. 订货成本　　　　　　　　　D. 缺货成本

三、判断题

1. 在短期决策中，固定成本或折旧费都属于沉没成本。（　　）
2. 当边际收入等于边际成本、边际利润等于零时，并不意味着可找到最优售价，而仅仅表明继续降价已没有实际意义。（　　）
3. 薄利多销是市场经济的一般原则，不受商品的价格弹性大小的制约。（　　）
4. 在是否接追加订货的决策中，如果追加订货量大于剩余生产能力，必然出现与冲击正常生产任务相关联的机会成本。（　　）
5. 即使追加订货的价格低于正常订货的单位完全生产成本，也不能轻易作出拒绝接受该项订货的决定。（　　）
6. 在生产经营决策中，确定决策方案必须通盘考虑相关业务量、相关收入和相关成本等因素。（　　）
7. 亏损产品应该立即停产，否则生产越多，亏损越大。（　　）
8. 如果预计未来的业务量会大于成本平衡点的业务量，则应该选择固定成本较高的方案。（　　）
9. 固定成本都属于沉没成本。（　　）
10. 小中取大法也被称为乐观决策方法。（　　）
11. 存货经济订货量就是使存货相关储备总成本最低时的进货批量。（　　）
12. 如果企业还有足够的剩余生产能力，且无其他用途，则只要追加订货不存在专属成本，且其价格大于单位变动成本，就应接受追加的订单。（　　）
13. 差量分析法只适用于两个方案之间的选择，若有多个方案则不能采用差量分析法。（　　）
14. 各方案业务量确定时，可以采用成本平衡分析法。（　　）
15. 机会成本是企业的实际支出，所以应当记录在会计账簿中。（　　）
16. 按完全成本加成定价法计算出来的售价大于按变动成本加成定价法计算出来的售价。（　　）

四、简答题

1. 不确定型决策常用的分析方法有哪些？
2. 短期经营决策常用的方法有哪些？它们的应用范围各是怎样？
3. 为什么在决策分析中要考虑机会成本？
4. 可避免成本和可延缓成本的区别？它们一定是相关成本吗？
5. 经济订货量基本模型是基于哪几个假设条件上建立的？

五、计算题

1. 某企业生产销售 A 产品每年需要甲零件 4 000 只,若自市场购买,单位购买价格为 25 元。现企业生产车间尚有剩余生产能力加工制造甲零件,若自制,单位零件需要支付直接材料费用 10 元,直接人工费用 8 元,变动性制造费用 5 元。

   要求:

   (1) 进行零件自制或外购的决策。

   (2) 若自制零件,生产车间还需要购置一台专用设备,该项设备购买价格为 108 000 元,预计可使用 6 年,无残值。进行零件自制或外购的决策。

2. 某企业每年生产 1 000 件甲产品,单位完全成本为 18 元(其中单位固定性制造费用为 2 元),直接出售的价格为 20 元。企业目前已具备将 80% 的甲产品深加工为乙产品的能力,但每件产品需要追加 5 元的变动性加工成本。乙产品的单价为 30 元,废品率为 1%。

   要求:

   (1) 如果深加工能力无法转移,作出是否深加工的决策。

   (2) 深加工能力可用来承揽零星加工业务,预计可获得贡献毛益 4 000 元,作出是否深加工的决策。

3. 某机械厂只生产甲机床,全年最大生产能力为 100 台,目前产销量为 80 台,销售单价为 1 000 元,单位产品成本如下:

直接材料	300
直接人工	200
变动制造费用	100
固定制造费用	200
单位产品成本合计	800

   要求:

   (1) 现有客户前来订货 20 台,只愿出价每台 700 元,此项订货能否接受?

   (2) 若客户前来订货 40 台,接受此项订货将减少正常产销量 20 台,对方出价仍为每台 700 元,此项订货能否接受。

4. 某公司产销甲、乙、丙三种产品,其中甲、乙两种产品是盈利产品,丙产品是亏损产品。它们的销售及成本资料如表 5-2 所示:

表 5-2 销售收入与成本　　　　　　　　　　单位:元

产品名称	甲产品	乙产品	丙产品	合计
销售收入	6 000	8 000	4 000	18 000
生产成本:				
直接材料	800	5 500	900	3 100
直接人工	700	800	800	2 300
变动制造费用	600	600	700	1 900

(续表)

产品名称	甲产品	乙产品	丙产品	合计
固定制造费用	1 000	1 000	1 100	3 700
非生产成本：				
变动推销管理费用	900	1 200	600	2 700
固定推销管理费用	600	800	400	1 800
销售成本合计	4 600	8 800	4 500	1 550
利润	1 400	1 600	(500)	2 500

要求：

(1) 作出丙产品是否停产的决策(假定丙产品停产后,其生产设备不能移做他用)；

(2) 假定丙产品停产后,其生产设备可以租给别的工厂,预计每年可获租金净收入 1 800 元,那么丙产品是否转产？

5. 某企业生产经营某产品,其最大生产量为 10 000 件/年,目前产销量为 8 000 件,售价 100 元,单位变动成本 58 元,固定成本 150 000 元。现为了响应国家重点建设项目之需,务必于今后若干年内,每年满足 3 500 件的特殊订货。

要求：

(1) 确定特殊订货可接受的最低价格；

(2) 若目标利润为 200 000 元,特殊订货的价格应做何调整。

6. 某企业生产某种产品所需用的一种零件,若外购,其单价随采购量的变化而变动。当采购量在 5 000 件以下,每单位外购价为 1.75 元,当采购量超过 5 000 件,每单位的外购价为 1.40 元。若自行制造,每单位变动成本为 0.9 元,每年追加固定成本 4 000 元。

要求:对该企业应自制或是外购该零件做出决策分析。

7. 某公司专门制造汽车发动机,其中某项零件过去都是自制,全年需要量 8 000 个,现有厂商愿意供应此项零件,开价每个 18 元。公司要求财会科就此项零件编制最近一年的实际成本单,以便决定取舍。成本单的有关数据如表 5-3 所示：

表 5-3　成本数据表　　　　　　　　　　　　　　　　　　　　单位:元

成本项目	单位零件的实际成本
直接材料	6
直接人工	5
变动制造费用	3
固定制造费用(专属)	2
固定制造费用(共同)	6
单位成本合计	22

要求：
(1) 假定该公司停止生产该项零件，其有关生产设备无其他用途，那么该公司应否向外购入该项零件？
(2) 假定该公司停止生产该项零件后，其有关生产设备可用来生产另一新产品，每年可提供 50 000 元的净利，那么该公司应否向外购入该项零件？

8. 某公司在计划期间准备推销新产品 A，根据市场调查提出了三种方案：在销路好坏的不同情况下，三种产量方案可获得的税前利润资料如表 5-4 所示：

表 5-4　税前利润表　　　　　　　　　　　　　　　单位：元

方案	畅销	一般	滞销
方案一	54 000	42 000	30 400
方案二	70 000	40 000	34 000
方案三	82 000	38 000	26 000

要求：分别采用大中取小法、大中取大法和小中取大法进行选择。

9. 某公司计划生产 A 产品 10 000 件，其产品成本资料如下：直接材料 60 000 元，直接人工 50 000 元，单位变动性制造费用 3 元/件，固定性制造费用 60 000 元，单位变动性销售与管理费用 3 元/件，固定性销售与管理费用 15 000 元。该公司目标利润为 50 000 元。

要求：分别使用完全成本加成定价法和变动成本加成定价法计算 A 产品的销售价格。

10. H 公司年生产能力为 90 000 机器小时，但实际只使用了 60%，现在 H 公司决定将剩余生产能力用于生产 A 产品、B 产品、C 产品中的一种。相关资料如下：A 产品单位变动成本为 28 元，生产每件 A 产品需要 6 机器小时，每件售价 42 元；B 产品单位变动成本为 17 元，生产每件 B 产品需要 5 机器小时，每件售价 35 元；C 产品单位变动成本为 55 元，生产每件 C 产品需要 6 机器小时，每件售价 80 元。公司固定成本为 800 000 元。

要求：
(1) 若每种产品不需要追加专属成本，H 公司应生产哪种产品？
(2) 若 A 产品的专属成本为 20 000 元，B 产品的专属成本为 42 600 元，C 产品的专属成本为 12 500 元，则 H 公司应生产哪种产品？

11. 某企业材料全年需求量为 9 600 千克，产品单位成本为每千克 6 元，一次生产准备费用为 20 元，产品单位储存成本为 1.2 元/千克，每日生产量为 100 千克，每日耗用量为 50 千克。

要求：
(1) 试计算最优生产批量及最优生产批次。
(2) 计算全年总成本。

案 例 分 析

太平洋家具公司是一家家具生产企业，目前生产 A、B、C 三种家具产品，需要利用同一种零件，相关资料如下：

资料一：公司每年制造产品需要该零件 20 000 件，外购成本每件 120 元，公司有能力制造这种零件，自制零件的单位相关成本资料如表 5-5 所示：

表5-5　自制零件的相关成本　　　　　　　　　　　　　　　　　　　　单位：元

直接材料	60
直接人工	25
变动制造费用	15
固定制造费用	20

资料二：太平洋公司三年前购买的和 A、B、C 三种家具相关的生产车间的厂房和生产线的购买成本为 10 000 000 元，每月的折旧费为 280 000，车间管理人员的工资为 120 000 元，行政管理人员工资为 247 500 元，对外销售时销售佣金为每月对外销售额的 5%。

资料三：A、B、C 三种家具共用一条生产线，该生产线每月生产能力为 12 800 机器小时，目前已经满负荷运转，相关产销资料如表 5-6 所示：

表5-6　产销资料表

项目	产品A	产品B	产品C
每月产销量（件）	1 400	1 000	1 200
销售单价（元）	600	900	800
单位直接人工（元）	100	120	150
单位直接材料（元）	200	280	200
单位变动管理费用（元）	100	200	100
单位产品所需机器工时（小时）	2	4	5

资料四：昌江公司为太平洋公司下属的全资子公司，每月需要 A 产品 500 个，内部转移价格按变动成本的 45% 加成。

要求：

（1）根据资料一，如果太平洋家具公司现在具有足够的剩余生产能力，且剩余生产能力无法转移时，公司应该自制还是外购。

（2）根据资料一，如果太平洋公司目前只有生产零件 10 000 件的生产能力，且无法转移。若自制 20 000 件,则还需租入设备一台,月租金 50 000 元,这样使零件的生产能力达到 25 000 件;公司也可以采用自制和外购两种方式的结合,既可自制一部分,又可外购一部分。此时 Y 公司该如何进行生产决策。

(3) 根据资料二,说明哪些成本是企业做出调整产品产量决策时的相关成本,哪些是决策无关成本?

(4) 根据资料二和资料三,分别计算当前 A、B、C 三种家具的每月的贡献毛益总额,以及此时的三种家具每月能给公司带来的利润总额。

(5) 根据资料二和资料三,如果 A 家具产品销量最高可以达到 2 000 件,B 家具产品最高可以达到 1 500 件,那么如何调整 A、B、C 三种家具的产量,才能使公司利润最大;调整后利润比未调整前利润增加了多少?

(6) 根据资料四,在公司按照要求(4)调整了三种产品的产量后,说明太平洋家具公司是否应该接受昌江公司的订单。

练习题答案

一、单项选择题

1. A 2. A 3. B 4. B 5. C 6. C 7. D 8. B 9. D 10. B 11. C 12. B 13. B 14. D 15. B 16. B 17. B 18. D 19. A 20. B 21. B 22. A 23. A 24. C 25. B

二、多项选择题

1. BC 2. ABD 3. ABC 4. BC 5. ABD 6. ABCD 7. ABCD 8. ACD 9. AB 10. ABD 11. ABC 12. ABCD 13. ABC 14. ABC 15. ABCD 16. ABC 17. CD 18. ABC 19. ABC 20. ABD 21. CD 22. ACD 23. ACD 24. ABCD

三、判断题

1. × 2. × 3. × 4. √ 5. √ 6. √ 7. × 8. √ 9. × 10. × 11. √ 12. √ 13. × 14. × 15. × 16. ×

四、简答题

1. 不确定型生产决策,是指决策者在进行某项决策时,对影响这类决策相关因素的未来情况不仅不能完全确定,并且无法确定产生各种结果的概率,只能依靠决策者的实践经验和判断能力来解决的决策。不确定型决策常用的分析方法主要包括:大中取大法、小中取大法、大中取小法、折中决策法等。

(1) 大中取大法,又称为最大的最大收益值法,是指在几种不确定的随机事件中,选择最有利的市场需求情况下的收益值最大的方案作为中选方案的决策方法。其中的"收益值",通常指"边际贡献总额""税前净利"等。该方法是在最有利的情况下选择最优方案,主要适用于决策者对未来持乐观态度的不确定性决策。

（2）小中取大法，是指在几种不确定的随机事件中，选择最不利的市场需求情况下的收益值最大的方案作为中选方案的决策方法。该方法是在最不利的情况下选择最优方案，主要适用于决策者对未来持悲观态度的不确定性决策。

（3）大中取小法，又称为最小的最大后悔值法，是在几种不确定的随机事件中，选择最大后悔值中的最小值的方案作为中选方案的决策方法。"后悔值"指的是各种不同需求情况下的最大收益值超过本方案收益值的差额，即如果选错方案将会受到的损失额。一般来说，有几个随机事件，就会有几个后悔值。该方法一般适合较为保守，偏好稳健的决策者。

（4）折中决策法，是指在不确定的几种随机事件中，决策者对未来情况保持一定的乐观态度，但也不要盲目乐观，而是采用一种现实主义的折中标准的决策方法。

2. 短期经营决策常用的决策方法有本量利分析法、贡献毛益法、差量分析法、成本平衡分析法等。

（1）本量利分析法，是根据各被选方案的成本、业务量、利润之间的依存关系，以盈亏作为评价方案的标准对备选方案进行取舍，确定在什么情况下哪个方案最优的方法，即，对某方案可行性决策评价时，利润大于或等于零则方案可行；在对多个方案进行择优决策时，利润大的方案为最优。

（2）贡献毛益法是在成本性态分析的基础上，通过比较各备选方案贡献毛益的大小来确定最优方案的分析方法。贡献毛益是指产品或部门的收入在抵偿其变动成本之后所提供的贡献。在经营决策中对不同方案进行评价时，根据贡献毛益的大小或能否提供贡献毛益作为分析比较的依据。

（3）差量分析法就是根据两个备选方案的差别收入与差别成本的比较来确定哪个方案较优的方法。在运用差量分析法对两个方案进行比较时，如差别收入大于差别成本，即数量差异为差别收益，前一个方案较优；如差别收入小于差别成本，即数量差异为差别损失，则后一个方案较优。

（4）成本平衡分析法，是在各备选方案的相关收入均为零，相关业务量为不确定因素时，通过判断处于不同水平上与成本平衡点业务量之间的关系，来作出互斥方案决策的一种方法。

3. 在进行经营决策时，必须从多个可供选择的方案中选择一种最优方案，而放弃一些次优以至更差的方案。此时，被放弃的次优方案可能取得的利益称为被选取最优方案的机会成本。机会成本是在对有限资源的利用进行决策分析时产生的概念。资源往往有多种用途（即有多种使用机会），但通常又是稀缺的，一旦用于某一方面就不能同时用于其他方面。机会成本表明，资源用于某一方面可能取得的利益是以放弃其他方面可能取得的利益为代价的。尽管机会成本并不是企业的实际支出，也不用记入会计账簿，但在进行决策时只有将落选方案的有可能获得的潜在收益作为机会成本记入中选方案的相关总成本中，才能全面、合理地评价中选方案的经济效益，正确判断中选方案是否真正最优。

4. 可避免成本是指其发生与否及发生金额多少都会受到企业管理决策影响的那部分成本。这种成本受到决策的直接制约，当决策方案改变时其可免于发生，是比较典型的相关成本。

可避免成本是指其发生与否及发生金额多少都会受到企业管理决策影响的那部分成本。这种成本受到决策的直接制约,当决策方案改变时其可免于发生,是比较典型的相关成本。

5. 经济订货量基本模型是基于哪几个假设条件上建立的?

答:(1) 全年需求量固定不变,且可预知为 D,不存在数量折扣,即存货单价稳定不变,U 为已知常量。

(2) 需要存货时,均能一次到货,而不是陆续到货。

(3) 需要存货时,均能马上到货。

(4) 存货的消耗是连续的、均匀的。

(5) 不允许缺货现象发生,即无缺货成本。

五、计算题

1. 解:(1) 外购的差别成本 = 4 000×25 = 100 000(元)

自制的差别成本 = 4 000×(10+8+5) = 92 000(元)

外购成本大于自制成本,零件应自制。

(2) 外购的差别成本 = 4 000×25 = 100 000(元)

自制的差别成本 = 4 000×(10+8+5)+108 000/6 = 110 000(元)

外购成本小于自制成本,零件应外购。

2. 解:(1) 差别收入 = 1 000×80%×(1−1%)×30−1 000×80%×20 = 7 760(元)

差别成本 = 1 000×80%×5 = 4 000(元)

差别收入大于差别成本,深加工可以获得更多的收益。

(2) 差别收入 = 1 000×80%×(1−1%)×30−1 000×80%×20 = 7 760(元)

差别成本 = 1 000×80%×5+4 000 = 8 000(元)

差别收入小于差别成本,直接出售收益更大。

3. 解:(1) 接受订货的差别收入 = 20×700 = 14 000(元)

接受订货的差别成本 = 20×600 = 12 000(元)

差别收入大于差别成本:14 000−12 000 = 2 000(元)

可以接受。

(2) 接受订货的差别收入 = 40×700−20×1 000 = 8 000(元)

接受订货的差别成本 = 20×600 = 12 000(元)

差别收入大于差别成本:8 000−12 000 = −4 000(元)

不能接受。

4. 解:(1) 丙产品贡献毛益 = 4 000−900−800−700−600 = 1 000(元)

丙产品贡献毛益大于0,所以不应停产。因为如果停产丙产品,其负担的固定成本 1 500 元会转嫁给其他产品,停产后的利润 1 400+1 600−1 500 = 1 500,比现在减少 1 000(2 500−1 500),1 000 元正是丙产品所作的贡献。

(2) 生产设备可以租给别的工厂的每年可获租金净收入 1 800 元,是生产丙产品的机会成本,丙产品贡献毛益 = 4 000−900−800−700−600 = 1 000(元),小于机会成本 1 800 元,应停止生产丙产品,将设备出租。

5. 解:(1) 目前利润=8 000×100-8 000×58-150 000=186 000(元)

设:最低可接受价格 X

$6\,500×100+3\,500×X-10\,000×58-150\,000=186\,000$(元)

$X=75$(元)

(2) 设:最低可接受价格 X

$6\,500×100+3\,500×X-10\,000×58-150\,000=200\,000$(元)

$X=80$(元)

价格应上调至80元。

6. 解:设:X 为需要量5 000件以下时自制与外购的差别平衡点,Y 为需要量5 000件以上时自制与外购的差别平衡点

$1.75X=4\,000+0.9X$

$1.40Y=4\,000+0.9Y$

$X=4\,706$(件)

$Y=8\,000$(件)

当零件需要量在4 706件以下及在5 000到8 000件时:外购

当零件需要量在4 706到5 000件及在8 000件以上时:自制

当零件需要量在4 706件或8 000件时,自制外购均可。

7. 解:(1) 公司停止生产该项零件,其有关生产设备别无其他用途,共同固定成本是不可避免成本,是无关成本。

零件外购的差别成本=8 000×18=144 000(元)

零件自制的差别成本=8 000×(6+5+3+2)=128 000(元)

外购的差别成本更大,所以应自制。

(2) 公司停止生产该项零件后,其有关生产设备可用来生产另一新产品,其每年可提供50 000元的净利就为自制方案的机会成本。

零件外购的差别成本=8 000×18=144 000(元)

零件自制的差别成本=8 000×(6+5+3+2)+50 000=178 000(元)

自制的差别成本更大,所以应外购。

8. 解:小中取大法:三种方案最小收益都在产品滞销时取得,而其中最大的为34 000元,因此选择方案二。

大中取大法:三种方案最大收益都在产品畅销时取得,而其中最大的为82 000元,因此选择方案三。

大中取小法:方案一的最大后悔值=82 000-54 000=28 000(元)

方案二的最大后悔值=82 000-70 000=12 000(元)

方案三的最大后悔值=34 000-26 000=8 000(元)

方案三的最大后悔值最小,因此选择方案三。

9. 解:完全成本加成定价法:

生产总成本=60 000+50 000+3×10 000+60 000=200 000(元)

非生产总成本=(3×10 000)+15 000=45 000(元)

成本加成率＝(50 000＋45 000)÷200 000×100％＝47.5％

目标售价＝单位产品生产成本×(1＋成本加成率)＝(200 000÷10 000)×(1＋47.5％)＝29.5(元)

变动成本加成定价法：

变动总成本＝60 000＋50 000＋(3＋3)×10 000＝170 000(元)

固定成本＝60 000＋15 000＝75 000(元)

成本加成率＝(50 000＋75 000)÷170 000×100％＝73.53％

目标售价＝单位产品生产成本×(1＋成本加成率)＝(170 000÷10 000)×(1＋73.53％)＝29.5(元)

10. 解：(1) A产品贡献毛益总额＝(42－38)×(36 000÷6)＝84 000(元)

B产品贡献毛益总额＝(35－17)×(36 000÷5)＝129 600(元)

C产品贡献毛益总额＝(80－55)×(36 000÷9)＝100 000(元)

应该生产B产品。

(2) A产品的剩余贡献毛益＝84 000－20 000＝74 000(元)

B产品的剩余贡献毛益＝129 600－42 600＝87 000(元)

C产品的剩余贡献毛益＝100 000－12 500＝87 500(元)

应该生产C产品。

11. 解：(1) 最优生产批量$(Q^*)=\sqrt{\dfrac{2DF}{C}\cdot\dfrac{p}{p-d}}=800$(千克)

最优生产批次$(N^*)=9\,600/800=12$(次)

(2) 全年总成本$T(Q^*)=(2\times 9\,600\times 20)\div 800=480$(元)

案例分析答案

(1) 自制的单位变动成本＝60＋25＋15＝100(元/件)

外购的相关成本＝120(元/件)

自制方案的单位变动成本小于外购的成本，所以应该自制。

(2) 三种方案的相关成本如表5-7所示：

表5-7 三种方案的相关成本　　　　　　　　　单位：元

项目	自制成本	外购成本	自制加外购成本
变动成本	2 000 000	2 400 000	100×10 000＋120×10 000＝2 200 000
专属成本	50 000×12＝600 000		
相关成本合计	2 600 000	2 400 000	2 200 000

由表5-7可知，自制加外购方案的相关成本最低，所以应该选择自制加外购方案。

(3) 厂房和车间的购买成本是沉没成本，无论做出怎样的决策都不会改变的所以是决策无关成本，厂房和车间的折旧费、车间管理人员和行政管理人员的工资是不管改不改变产品产量都会发生的，所以是决策无关成本；如果改变产品的产量，产品的销售额也会改变，而对外销售的销售佣金是会随着销售额的改变而改变的，所以是决策相关成本。

(4) A产品贡献毛益总额 $=1\,400\times(600-100-200-100-600\times5\%)=238\,000$(元)

B产品贡献毛益总额 $=1\,000\times(900-120-280-200-900\times5\%)=255\,000$(元)

C产品贡献毛益总额 $=1\,200\times(800-150-200-100-800\times5\%)=372\,000$(元)

利润总额 $=238\,000+255\,000+372\,000-280\,000-120\,000-247\,500=217\,500$(元)

(5) A产品单位小时贡献毛益 $=(600-100-200-100-600\times5\%)/2=85$(元/小时)

B产品单位小时贡献毛益 $=(900-120-280-200-900\times5\%)/4=63.75$(元/小时)

C产品单位小时贡献毛益 $=(800-150-200-100-800\times5\%)/5=62$(元/小时)

所以应该先生产A产品，再生产B产品，最后生产C产品

由于A产品和B产品的市场限制，只能销售2 000件和1 500件，所以A产品生产2 000件，B产品生产1 500件

剩余产能 $=12\,800-2\,000\times2-1\,500\times4=2\,800$(小时)

C生产件数 $=2\,800/5=560$(件)

调整后利润总额 $=85\times2\times2\,000+63.75\times4\times1\,500+62\times5\times560-280\,000-120\,000-247\,500=248\,600$(元)

利润增加了 $=248\,600-217\,500=31\,100$(元)

(6) 因为Z公司是Y公司的全资子公司，不会产生变动销售费用，所以对Z公司的变动成本 $=100+200+100=400$(元)

内部转移价格 $=400\times(1+45\%)=580$(元)

对Z公司销售的单位贡献毛益 $=520-400=180$(元)

对外销售的单位贡献毛益 $=600-400-600\times5\%=170$(元)

对Z公司销售产生的单位贡献毛益更大，所以应该接受该订单。

第六章　全面预算

重点与难点

一、全面预算概述

（一）全面预算的含义

预算也就是用金额或其他数量指标来表示的计划，即计划的数量化。全面预算是指综合反映企业在一定时期内（一般不超过一年）的各项经营、投资、财务等生产经营活动的预算。

（二）全面预算的作用

1. 确定工作目标

全面预算作为计划的数量化，规定了企业一定时期的总目标，并把总目标分解成各级各部门的具体目标，明确了各部门的职责和努力的方向。有助于它们根据预算安排各自的活动，并积极地努力完成自己的具体目标，保证企业总目标的实现。

2. 协调部门关系

全面预算把企业各方面的工作纳入统一计划中，使各项活动的预算形成了一个相互协调的有机整体，各部门按照预算确定的轨道工作，便可以相互协调，避免冲突。

3. 控制日常活动

通过将各部门的实际执行情况与预算目标进行对比，及时找出实际与预算的差异，并分析其原因，以便采取必要的措施改进存在的问题，保证预算目标的顺利完成。

4. 考核部门业绩

企业可以根据全面预算的完成情况，分析各部门实际偏离预算的程度和原因，划清责任，奖罚分明，促使各部门为完成预算目标更努力地工作。

（三）全面预算体系

1. 经营预算

经营预算又叫日常业务预算，指与企业日常业务直接相关，具有实质性的基本活动的一系列预算的统称。这类预算通常与企业利润表的计算相关，大多以实物量指标和价值量指标反映企业收入和费用的构成情况。

2. 专门决策预算

专门决策预算指企业不经常发生的,需要根据特定决策临时编制的一次性预算,也称特种决策预算。专门决策预算又包括经营决策预算和投资决策预算两种类型。

3. 财务预算

财务预算指反映预算期内现金收支、经营成果和财务状况的预算。财务预算是以经营预算和专门决策预算为基础编制的,一般在编制经营预算和专门决策预算过程中,同时列出财务预算所需的资料。

(四)实施全面预算的关键和应注意的问题

1. 实施全面预算的关键问题

第一,经营管理者的重视。预算目标偏高或偏低都能及时发现和修正,那么企业的整体工作和积极性将更为提高,所以说,预算实施好坏,关键在于经营管理者的重视与否。

第二,责任会计制度的实施。责任会计制度是一套完整的能够分明责任的指标实施记录与反馈的工作系统,可以说责任会计制度是预算实施的必备条件。

2. 实施全面预算应注意的问题

第一,编制全面预算过程应吸收各方面有关人员参加或是听取他们的意见,由几个专业人员闭门造车地编制计划必将很难避免主观,甚至脱离实际。

第二,制定预算指标应该稍留余地,预算指标中留有余地有两方面的作用:一是可以避免给各部门的压力过大,挫伤积极性;二是给管理人员在出现问题时,留有调整余地。

第三,编制预算应力求指标准确,但要求百分之百也不可能,企业内部的账好算,外部情况的变化却无法控制,对预算中的指标不明智地死板硬扣,往往会造成许多不良后果,因此,执行预算时,应有必要的灵活态度。

二、全面预算的编制方法

(一)固定预算

1. 含义

固定预算又称为静态预算,是指在编制预算时,以预算期内正常的可能实现的某一业务量水平为基础而编制的预算。

2. 特点

第一,没有考虑预算期内实际业务活动水平可能发生的变动,而只按事先预计的某一个确定的业务量水平作为编制预算的基础,也就过于机械呆板。

第二,将实际结果与计划预定的业务量水平下所确定的预算数进行比较分析,并以此来评价考核业绩。这个特点导致其可比性差。

3. 适用范围

固定预算是一种最基本的全面预算编制方法,一般来说只适用于业务量水平较为稳定的企业或非营利组织编制预算时采用。只有当实际业务水平与计划业务水平一致时,静态预算才可为控制服务。

（二）弹性预算

1. 含义

弹性预算是和固定预算相对应的概念,又称变动预算或滑动预算,是指企业在不能准确预测业务量的情况下,根据本、量、利之间有规律的数量关系,按照可预见的不同的多种业务量水平编制的预算。

2. 特点

第一,弹性预算是按一系列不同的业务量水平编制的,扩大了预算的适用范围。当实际业务量水平产生波动时,都有适用的数据发挥作用。

第二,弹性预算是按成本性态的不同分类列示的,便于在预算期终了时计算实际业务量应达到的成本,有助于评价考核预算执行情况,发挥其控制作用。

3. 适用范围

弹性预算主要用于各种间接费用预算,有些企业也用于利润预算。

4. 弹性预算法的编制

（1）列表法:又叫多水平法,是指通过列表的方式在相关范围内每隔一定业务量范围计算相关的数值预算,来编制弹性成本预算的方法。

（2）公式法:是指通过确定公式 $y=a+bx$ 中的 a 与 b 来编制弹性预算的方法。任何成本都可用公式"$y=a+bx$"来近似地表示,a 表示固定成本,b 表示单位变动成本,只要在预算中列示 a 和 b,就可以随时利用公式计算任一业务量(x)的预算总成本(y)。

（三）零基预算

1. 含义

零基预算的全称为"以零为基础的编制计划和预算的方法",是指在编制成本费用预算时,不考虑以往会计期间所发生的费用,所有的预算支出均以零为起点,根据预算期企业实际经营情况的需要,逐项审议各项费用的内容及开支标准是否合理,并在综合平衡的基础上编制费用预算的一种方法。

2. 特点

第一,不受前期费用项目和费用水平的制约,能够调动各部门降低费用的积极性。

第二,编制工作量大。

3. 适用范围

零基预算法特别适用于产出较难辨认的服务性部门费用预算的编制。

（四）滚动预算

1. 含义

滚动预算又叫"永续预算"或"连续预算",是指在编制预算时,预算期脱离会计年度,并随着预算的执行不断延伸补充预算,逐期向后滚动,使预算期一直保持为一个固定期间的一种预算编制方法。

2. 特点

第一,透明度高。编制预算与日常管理紧密衔接,使管理人员始终能够从动态的角度把握企业近期目标和远期战略布局。

第二,灵活性强。滚动预算能根据前期预算的执行情况,结合各种因素的影响,及时调整预算,使预算更符合实际情况,发挥其指导和控制作用。

第三,连续性突出。滚动预算在时间上不受会计年度限制,随着预算的执行,逐期向后滚动,连续不断地规划下一个期间的经营活动,不会造成预算中断。

第四,编制工作量大。

三、全面预算的编制

（一）全面预算的编制程序

全面预算编制的一般程序为:

(1) 企业决策机构根据长期规划,利用本量利分析等工具,提出企业一定时间的总目标,并下达规划指标;

(2) 组织各生产业务部门按具体目标要求编制本部门预算草案;

(3) 预算委员会审查、平衡各预算,汇总出公司的总预算;

(4) 审议预算并上报董事会,最后通过企业的综合预算和部门预算;

(5) 将批准后的预算下达给各部门执行。

（二）全面预算的具体编制过程

1. 销售预算

销售预算的主要内容包括销售量、单价和销售收入。销售预算中还包括预计现金收入的计算,其目的是为后面编制现金预算提供资料。

销售预算是整个预算的编制起点,其他预算的编制都是以销售预算为基础的,即所谓的以销定产。

2. 生产预算

生产预算是在销售预算的基础上编制的,主要包括销售量、期初和期末存货量及生产量。

计算公式:预计生产量＝（预计销售量＋预计期末存货）－预计期初存货

3. 直接材料预算

直接材料预算是经生产预算为基础编制的,主要内容包括直接材料的单位产品用量、生产需用量、期初和期末存量等。

计算公式:预计采购量＝（生产需用量＋期末存量）－期初存量

4. 直接人工预算

直接人工预算也是以生产预算为基础编制的,主要内容包括预计产量、单位产品工时,人工总工时,每小时人工成本和人工总成本。

5. 制造费用预算

制造费用预算通常分为变动制造费用和固定制造费用两部分。

变动制造费用以生产预算为基础编制,可用生产量与标准单位成本即变动制造费用分配率相乘计算得到。固定制造费用通常与本期产量无关,需逐项预计,可采用零基预算方法编制。

6. 产品成本预算

产品成本预算是在生产预算、直接材料预算、直接人工预算及制造费用预算的基础上编制的,是对它们的汇总,也为以后编制预计利润表和预计资产负债表提供数据。主要内容包括产品的单位成本和总成本。

7. 销售及管理费用预算

销售及管理费用预算包括销售费用预算及管理费用预算两部分,是指为了产品销售活动和一般行政管理活动有关费用而编制的一种业务预算。

销售费用预算是以销售预算为基础,根据销售收入、销售利润和销售费用的关系编制的,并要分析参考过去的销售费用。销售费用大多是固定成本,但也可划分为变动销售费用和固定销售费用,其编制方法类似于制造费用预算的编制。管理费用多属于固定成本,可以过去的实际开支为基础,根据预计的变动进行调整。

8. 现金预算

现金预算包括现金收入、现金支出、现金多余或不足,现金的筹措和运用。

(1) 现金收入包括期初现金余额和预算期的现金收入,主要来源于销售产品取得的现金收入。

(2) 现金支出包括各项现金支出,例如直接材料、直接人工、制造费用、销售及管理费用、所得税费用、购买设备、股利分配等。

(3) 现金多余或不足是"可供使用现金"与"现金支出合计"之差,若差额为正,说明有多余现金,可用于偿还过去的借款或进行短期投资;若差额为负,现金不足,则需向银行取得借款。

9. 预计利润表的编制

"销售收入"的数据来源于销售预算中的全年销售收入;"销售成本"的数据来自产品成本预算中的销货成本合计;"销售及管理费用"项目的数据来自销售及管理费用;"利息"的数据则来自现金预算表中的相关项目;"所得税费用"项目的数据不是根据"利润总额"与所得税税率计算出来的,而是估计出来的,并已计入现金预算中的"所得税费用"项目。

10. 预计资产负债表的编制

资产负债表预算与实际的资产负债表内容、格式等相同,只是数据反映的是预算期的期末财务状况。

该预算是利用本期期初会计的资产负债表,根据营业和财务等预测的有关数据加以调整编制的。

关 键 概 念

1. 全面预算
2. 固定预算

3. 弹性预算
4. 零基预算
5. 滚动预算
6. 销售预算
7. 生产预算
8. 现金预算

练 习 题

一、单项选择题

1. 下列预算中,不属于财务预算的是( )。
   A. 利润表预算   B. 现金预算
   C. 生产预算   D. 资产负债表预算

2. 下面有关全面预算的表述正确的是( )。
   A. 全面预算根据"以产定销"的原则进行编制
   B. 全面预算实际上是一整套预计的财务报表和相关附表
   C. 预算委员会无权批准最终的预算
   D. 全面预算不包括预计的现金预算

3. 下列表述中,正确的是( )。
   A. 生产预算在销售预算的基础上进行编制,各季度的预计生产量等于各季度的预计销售量
   B. 管理费用多属于固定成本,一般以过去的实际开支为基础,根据预计的变动进行调整
   C. 制造费用都以生产预算为基础来编制
   D. "预计利润表"预算中的"所得税费用"项目的数据是根据预算的"利润总额"与所得税税率计算出来的,不考虑纳税调整事项

4. 下列各项中,在预算执行过程中自动延伸,使预算期永远保持在一定时间跨度的预算方法是( )。
   A. 弹性预算   B. 固定预算
   C. 零基预算   D. 滚动预算

5. 需要按成本性态分析方法将企业成本分为固定成本和变动成本的预算编制方法是( )。
   A. 弹性预算法   B. 固定预算法
   C. 零基预算法   D. 滚动预算法

6. 某公司在编制 2020 年度的生产预算时确定预算年度各季度末的产成品存货按下一年度销售量的 10% 计算,根据有关资料可知:各季度的预计销售量分别为 400 件、500 件、600 件和 450 件,那么甲产品第二季度的生产量为( )。

A. 500 件　　　　B. 510 件　　　　C. 560 件　　　　D. 520 件

7. 全面预算的编制起点是（　　）。
   A. 生产预算
   B. 现金预算
   C. 销售预算
   D. 直接材料预算

8. 下列各项中，能够同时以实物量指标和价值量指标分别反映企业经营收入和相关现金收入的预算是（　　）。
   A. 销售预算
   B. 生产预算
   C. 现金预算
   D. 产品成本预算

9. 根据销售预算编制生产预算的关键是要准确地确定（　　）。
   A. 销售价格
   B. 销售数量
   C. 期初存货数量
   D. 期末存货数量

10. 生产预算是以（　　）为基础编制的。
    A. 销售预算
    B. 现金预算
    C. 直接材料预算
    D. 产品成本预算

11. 下列预算中，在编制时不以生产预算为基础的是（　　）。
    A. 销售费用预算
    B. 变动制造费用预算
    C. 直接人工预算
    D. 产品成本预算

12. 下列预算中，不直接涉及现金收支的是（　　）。
    A. 销售预算
    B. 销售与管理费用预算
    C. 产品成本预算
    D. 直接材料预算

13. 下列各项中，只涉及实物量单位而不涉及价值量单位的预算是（　　）。
    A. 销售预算
    B. 生产预算
    C. 专门决策预算
    D. 财务预算

14. 下列各项中不能直接在现金预算中得到反映的是（　　）。
    A. 期初现金余额
    B. 期末现金余额
    C. 预算期产量和销量
    D. 现金收支情况

15. 为了编制现金预算便捷，在制造费用预算总额中可以扣除的项目是（　　）。
    A. 间接材料
    B. 间接人工
    C. 水电费
    D. 折旧费

16. 甲企业编制第四季度的直接材料预算，其中，预计季度初材料存量为 600 千克，季度生产需用量为 3 000 千克，预计季度末材料存量为 300 千克。如果材料采购货款中的 40% 于当季付清，另外 60% 在下季度付清，材料单位采购成本为 10 元，则甲企业预计资产负债表中年末"应付账款"项目为（　　）。
    A. 18 000 元
    B. 16 200 元
    C. 19 800 元
    D. 27 000 元

17. 甲公司机床维修费为半变动成本，机床运行 150 小时的维修费为 300 元，运行 200 小时的维修费为 350 元，那么机床运行 100 小时的维修费为（　　）。
    A. 220 元
    B. 280 元

C. 250 元　　　　　　　　　　　D. 200 元

18. 某企业生产 A 产品,每件 A 产品消耗材料 10 千克。预计 A 产品本期产量 200 件,下期产量 300 件,本期期初材料为 600 千克。期末材料按下期产量用料的 30% 确定,则本期预计材料采购量为(　　)千克。
   A. 1 400　　　　　　　　　　　B. 2 000
   C. 1 700　　　　　　　　　　　D. 2 300

19. 某产品销售款的回收情况是:销售当月收款 60%,次月收款 40%,该产品 2020 年 1—3 月的销售额预计为 6 000 元、8 000 元、7 500 元。由此可预测 2020 年 2 月的现金收入为(　　)。
   A. 7 200 元　　　　　　　　　　B. 8 000 元
   C. 4 800 元　　　　　　　　　　D. 7 800 元

20. 某企业在编制制造费用预算时,已知全年变动制造费用额为 4 000 元,全年固定制造费用额为 10 000 元,其中全年折旧费为 2 000 元,从生产预算中又知各季度产品生产量分别为 400 件、450 件、600 件和 550 件,那么第三季度的制造费用现金支出额为(　　)。
   A. 3 700 元　　　　　　　　　　B. 3 200 元
   C. 4 200 元　　　　　　　　　　D. 1 200 元

二、多项选择题

1. 弹性预算是(　　)。
   A. 永续预算　　　　　　　　　　B. 静态预算
   C. 连续预算　　　　　　　　　　D. 定期预算

2. 下列预算中,以生产预算为基础编制的有(　　)。
   A. 销售预算　　　　　　　　　　B. 直接人工预算
   C. 直接材料预算　　　　　　　　D. 销售及管理费用预算

3. 在管理会计中,构成全面预算内容的有(　　)。
   A. 经营预算　　　　　　　　　　B. 财务预算
   C. 专门决策预算　　　　　　　　D. 零基预算

4. 销售预算的主要内容包括(　　)。
   A. 销售收入　　　　　　　　　　B. 销售单价
   C. 销售数量　　　　　　　　　　D. 预计现金收入

5. 编制生产预算的"预计生产量"时,需要考虑(　　)。
   A. 前期实际销量　　　　　　　　B. 预计期末存货
   C. 预计销售量　　　　　　　　　D. 预计期初存货

6. 下列各项中属于滚动预算特点的有(　　)。
   A. 透明度高　　　　　　　　　　B. 连续性突出
   C. 灵活性差　　　　　　　　　　D. 工作量小

7. 现金预算的主要内容有(　　)。

A. 现金收入 B. 现金支出
C. 现金多余或不足 D. 资金的筹集和运用

8. 零基预算与传统预算相比较,其不同之处在于( )。
   A. 以历史期实际经济活动及其预算为基础
   B. 以零为基础
   C. 不考虑以往会计期间发生的费用
   D. 从实际需要出发

9. 相比于固定预算法,弹性预算的优点有( )。
   A. 预算范围宽 B. 适应性差
   C. 可比性差 D. 可比性强

10. 全面预算按其涉及的内容分为( )。
    A. 综合预算 B. 专门预算
    C. 业务预算 D. 财务预算

11. 产品成本预算是( )的汇总,主要内容包括产品的单位成本和总成本。
    A. 生产预算 B. 直接材料预算
    C. 直接人工预算 D. 制造费用预算

12. 直接材料预算中关于预期的现金支出的计算包括( )。
    A. 上期采购的材料将于本期支付的现金
    B. 本期采购的材料将于本期支付的现金
    C. 上期采购的材料已于上期支付的现金
    D. 本期采购的材料将于下期支付的现金

13. 弹性预算的方法可用于编制( )。
    A. 固定预算 B. 成本预算
    C. 制造费用预算 D. 利润预算

14. 直接涉及现金支出的预算有( )。
    A. 生产预算 B. 产品成本预算
    C. 直接人工预算 D. 制造费用预算

15. 下列各项中属于经营预算的有( )。
    A. 生产预算 B. 产品成本预算
    C. 直接人工预算 D. 制造费用预算

16. 财务预算主要包括( )。
    A. 现金预算 B. 利润表预算
    C. 资产负债表预算 D. 投资决策预算

17. 下列关于全面预算的表述中,正确的有( )。
    A. 财务预算大多为长期预算
    B. 利润表预算、资产负债表预算是综合预算
    C. 在全面预算中,生产预算是唯一没有按货币计量的预算
    D. 财务预算主要是指财务状况的预算

18. 滚动预算按滚动的时间单位不同可以分为（　　）。
    A. 逐月滚动　　　　　　　　B. 逐季滚动
    C. 逐年滚动　　　　　　　　D. 混合滚动

三、判断题

1. 根据预算期内正常的、可实现的某一固定的业务量水平作为唯一基础来编制预算的方法称为定期预算法。（　　）
2. 销售预算是以生产预算为依据编制的。（　　）
3. 全面预算是指综合反映企业在一定时期内的包括各项经营、投资、财务等生产经营活动的预算。（　　）
4. 预计利润表中"所得税费用"项目的数据根据"利润总额"与所得税税率计算所得。（　　）
5. 资产负债表期末预算数额面向未来，通常不需要以预算期初的资产负债表数据为基础。（　　）
6. 采用弹性预算法编制成本费用预算时，对于制造单一产品或零件的部门，适合选用实物数量作为业务量计量单位。（　　）
7. 用列表法编制的弹性预算，不以成本性态分析为前提。（　　）
8. 资产负债表预算与实际的资产负债表内容、格式等不相同。（　　）
9. 零基预算适用于企业各项预算的编制，尤其是不经常发生的预算项目或者预算编制基础变化较大的项目。（　　）
10. 全面预算体系按其涉及的内容可以分为专门预算和综合预算。（　　）

四、简答题

1. 全面预算体系的分类有哪些？
2. 全面预算的编制程序是什么？
3. 预算编制的方法有哪些？各有什么优缺点？
4. 弹性预算法的编制方法有哪些？各有什么优缺点？
5. 为什么说销售预算是预算编制的关键？
6. 财务报表预算的编制基础是什么？

五、计算题

1. 假定甲公司计划期间制造费用的明细项目如下：
   (1) 间接人工：基本工资为 3 500 元，另：每人工小时的奖金为 0.10 元；
   (2) 物料费：每人工小时应负担 0.2 元；
   (3) 折旧费：5 000 元；
   (4) 维护费：当生产能量在 3 000 到 6 000 人工小时的相关范围内，基数为 2 000 元；另加每人工小时应负担 0.10 元；
   (5) 水电费：基数为 1 000 元，另加每人工小时应负担 0.15 元。

要求：根据上述资料，在生产能量 3 000 到 6 000 人工小时的相关范围内每隔 1 000 工时，编制制造费用的弹性预算。

2. 某公司采用零基预算法编制下一年度的销售及管理费用预算。根据企业下一年度的利润目标、销售目标和成本目标，销售及管理部门提出计划期各项费用及其水平如表 6-1 所示：

表 6-1　销售和管理费用　　　　　　　　　　　　单位：元

广告费	40 000
培训费	10 000
房租费	50 000
差旅费	5 000
办公费	25 000

房租费、差旅费、办公费属于约束性固定成本，是必不可少的开支项目；广告费、培训费属于酌量性固定成本。根据以往的历史资料计算的有关平均费用和平均收益如表 6-2 所示：

表 6-2　平均费用和平均收益　　　　　　　　　　单位：元

项目	平均费用	平均收益
广告费	20 000	40 000
培训费	10 000	15 000

该公司可用于销售及管理费用的资金为 115 000 元。

要求：根据上述资料，编制销售及管理费用的零基预算。

3. 某公司对某产品 2020 年各季度的生产量预计如表 6-3 所示：

表 6-3　2020 年各季度生产量预计　　　　　　　　单位：件

季度	1	2	3	4	合计
预计生产量	800	1 000	1 100	900	3 800

假设该产品只耗一种主要材料，单位产品材料消耗定额为 5 千克，材料单价为 10 元。预计期末的材料存货占下季生产需用量的 20%，各季期初材料存货量即上季末预计的期末存货量。年末预计的材料存货量为 1 000 千克，年初材料存货量为 600 千克。在每季材料采购金额中，预计有 60% 在当季支付，剩下 40% 在下季付款。年初应付账款余额为 10 000 元。

要求：根据上述资料，编制该公司 2020 年的直接材料预算及预期现金支出。

4. 甲公司 1、2 月销售额分别为 30 万元,自 3 月起月销售额增长至 50 万元。公司当月收款 30%,次月收款 70%。公司在销售前一个月购买材料,并且在购买后的下一个月支付货款,原材料成本占销售额的 60%,其他费用如表 6-4 所示:

表 6-4 其他费用　　　　　　　　　　　　单位:元

月份	工资	租金	其他费用	税金
3	30 000	20 000	8 000	—
4	30 000	20 000	10 000	150 000

若该公司 2 月底的现金余额为 50 000 元,且每月现金余额不少于 50 000 元。

要求:根据以上资料编制 3、4 月份的现金预算(把表 6-5 中的数据填写完整)。

表 6-5 现金表　　　　　　　　　　　　单位:元

项目	3 月	4 月
期初现金余额	50 000	(F)
加:销售现金收入	(A)	(G)
减:现金支出		
购原材料	(B)	300 000
工资	30 000	30 000
租金	20 000	20 000
其他费用	8 000	10 000
税金	—	150 000
支出合计	(C)	(H)
现金多余或不足	(D)	(I)
从银行借款	—	(J)
期末现金余额	(E)	(K)

5. A 公司根据定期预算法编制 2020 年度预算,资料如下:
   (1) 2020 年 1—4 月的预计销售额分别为 700 万元、1 000 万元、800 万元、900 万元。
   (2) 公司目标现金余额 50 万元,2020 年 3 月末预计"现金余缺"30 万元,计划采用短期借款方式解决资金短缺问题,短期借款利率为 6%,利息于还本时支付。其中,公司第 1、2 月份的短期借款没有变化。
   (3) 预计 2020 年 1—3 月净利润为 100 万元,没有进行股利分配。
   (4) 假设公司每月的销售额当月收回 20%,下月收回 70%,第三个月收回 10%;当月原材料金额相当于次月全月销售额 50%,货款于次月一次性付清。

请根据以上资料将表 6-6 的公司 2020 年 3 月 31 日的预计资产负债表(简表)

数据填写完整。

表 6-6 预计资产负债表(简表)

2020 年 3 月 31 日　　　　　　　　　　　　　　　　　　　　单位:万元

资产	年初余额	月末余额	负债与股东权益	年初余额	月末余额
现金	50	(A)	短期借款	612	(C)
应收票据及应收账款	530	(B)	应付票据及应付账款	360	(D)
存货	545	*	长期负债	450	*
固定资产净额	1 836	*	股东权益	1 539	(E)
资产总计	2 961	*	负债与股东权益总计	2 961	*

案例分析

甲公司是一家从事生物制药生产的公司,管理层计划对预算体制进行完善,促进公司销售量及利润得到增长。对目前甲公司预算管理体系和绩效考核制度建立执行进行分析与思考,发现以下问题:

甲公司现行的预算管理模式由各部门自行制定全年计划目标,再由财务部统一汇总成公司年度利润总额的整体预算指标,这种模式会出现各部门各自为政现象,预算费用比实际发生费用虚高等情况。

在甲公司的预算考核中,单一以利润总额为考核指标,以实现的利润总额为基数,与比率相乘作为其绩效工资。这种将管理层奖金和利润总额直接挂钩的制度存在一定缺陷,因为管理层可能会为了达成短期高利润目标,而不去考虑公司长期发展效益,或者出现如果利润目标很难实现时,管理层可能以压缩研发经费和市场推广营销费用等需要长期投入见效的费用,追求短期利润目标达成,更有甚者可能会出现操纵盈余等情况出现。

针对甲公司的现状,请你提出对应的改进措施。

练习题答案

一、单项选择题

1. C 2. B 3. B 4. D 5. A 6. B 7. C 8. A 9. D 10. A 11. A 12. C 13. B 14. C 15. D 16. B 17. C 18. D 19. A 20. B

二、多项选择题

1. AC 2. BC 3. ABC 4. ABC 5. BCD 6. AB 7. ABCD 8. BCD 9. AD

10. AB 11. ABCD 12. AB 13. BCD 14. CD 15. ABCD 16. ABC 17. BC
18. ABD

三、判断题

1. × 2. × 3. √ 4. × 5. × 6. √ 7. × 8. × 9. √ 10. √

四、简答题

1.（1）按照涉及的预算期可以分为长期预算和短期预算。

长期预算：包括长期销售预算和资本预算，有时还包括长期资本筹措预算和研究与开发预算。

短期预算：指年度预算，或者时间更短的季度或月度预算。

（2）按照涉及的内容可以分为专门预算和综合预算。

专门预算：指反映企业某一方面经济活动的预算。

综合预算：指利润表预算和资产负债表预算，它反映企业的总体状况，是各种专门预算的综合。

（3）按照涉及的业务活动领域可以分为投资预算、营业预算和财务预算。

投资预算：例如资本预算。

营业预算：指关于采购、生产、销售业务的预算，包括销售预算、生产预算、成本预算等等。

财务预算：指关于利润、现金和财务状况的预算，包括利润表预算、现金预算和资产负债表预算等。

2.（1）企业决策机构根据长期规划，利用本量利分析等工具，提出企业一定时间的总目标，并下达规划指标；

（2）组织各生产业务部门按具体目标要求编制本部门预算草案；

（3）预算委员会审查、平衡各预算，汇总出公司的总预算；

（4）审议预算并上报董事会，最后通过企业的综合预算和部门预算；

（5）将批准后的预算下达给各部门执行。

3. 根据预算编制的不同角度可以将预算编制的方法分为若干种，例如：固定预算、弹性预算、零基预算和滚动预算等等。

（1）固定预算。

优点：相对固定，编制工作量小。

缺点：适应性差，可比性差。

（2）弹性预算。

优点：预算范围宽，可比性强。

缺点：编制工作量较大，比较麻烦。

（3）零基预算。

优点：不受前期费用项目和费用水平的制约，能够充分有效地配置资源，调动各部门降低费用的积极性。

缺点：方案评级和资源分配具有较大的主观性，容易引起部门间的矛盾；编制工作量大。

(4) 滚动预算。

优点：能够保持预算持续性，有利于考虑未来业务活动，结合企业近期目标和长期目标；预算随时间推动不断加以调整修订，能够使预算与实际情况更相适宜，有利于充分发挥预算的指导和控制作用。

缺点：持续工作将消耗大量人力、物力，代价较大；编制工作量大。

4. 弹性预算法的编制主要有公式法和列表法。

(1) 公式法。

优点：便于计算任何业务量的预算成本。

缺点：需要进行成本分解，对每个费用子项目甚至细目逐一进行成本分解，比较麻烦工作量大；需要用数学方法将阶梯成本和曲线成本修正为直线；成本中的固定基数以及与业务量相关的弹性定额可能仅适用于一定业务量范围。

(2) 列表法。

优点：比较直观，不必经过计算即可找到与实际业务量相近的预算成本；不必用数学方法修正为近似的直线成本，混合成本中的阶梯成本和曲线成本可按总成本性态模型计算填列。

缺点：在评价和考核实际成本时，"实际业务量的预算成本"往往需要使用插值法来计算，比较麻烦。

5. 销售预算是整个预算的编制起点，其他预算的编制都是以销售预算为基础的，即所谓的以销定产。有关企业产品销售的预算对于其他预算（产品成本预算、利润预算等等）起着决定性的作用，因此销售预算是制定企业经营决策最重要的依据，搞好销售预算才能相互衔接开展搞好其他各项经营预算。

6. (1) 利润表预算按照权责发生制来编制；"销售成本"项目的金额取自产品成本预算，"所得税费用"项目的金额通常不是根据"利润总额"乘以所得税税率计算出来的，而是预先在利润预测时估计的数据。

(2) 资产负债表预算是利用本期期初会计的资产负债表，根据营业和财务等预算的有关数据加以调整编制的。

五、计算题

1.

表 6-7　制造费用预算　　　　　　　　　　单位：元

费用明细项目	3 000 工时	4 000 工时	5 000 工时	6 000 工时
变动费用：				
间接人工	300	400	500	600
物料费	600	800	1 000	1 200
维护费	300	400	500	600
水电费	450	600	750	900
小计	1 650	2 200	2 750	3 300

(续表)

费用明细项目	3 000 工时	4 000 工时	5 000 工时	6 000 工时
固定费用： 　间接人工 　折旧费 　维护费 　水电费	3 500 5 000 2 000 1 000	3 500 5 000 2 000 1 000	3 500 5 000 2 000 1 000	3 500 5 000 2 000 1 000
小计	11 500	11 500	11 500	11 500
制造费用合计	13 150	13 700	14 250	14 800

2. (1) 确定不可避免项目的预算金额，包括房租费、差旅费、办公费。

$50\ 000+5\ 000+25\ 000=80\ 000(元)$

(2) 还可分配的金额：$115\ 000-80\ 000=35\ 000(元)$

(3) 广告费成本收益率$=40\ 000/20\ 000=200\%$

培训费成本收益率$=15\ 000/10\ 000=150\%$

广告费预算数$=35\ 000\times2/(2+1.5)=20\ 000(元)$

培训费预算数$=35\ 000\times1.5/(2+1.5)=15\ 000(元)$

3.

表 6-8　直接材料预算　　　　　　　　　　　　　　　　　　　单位：元

季度	一	二	三	四	全年
预计生产量(件)	800	1 000	1 100	900	3 800
单位产品材料用量(千克/件)	5	5	5	5	5
生产需用量(千克)	4 000	5 000	5 500	4 500	19 000
加：预计期末存量(千克)	1 000	1 100	900	1 000	1 000
减：预计期初存量(千克)	600	1 000	1 100	900	600
预计材料采购量	4 400	5 100	5 300	4 600	19 400
单价(元/千克)	10	10	10	10	10
预计采购金额(元)	44 000	51 000	53 000	46 000	194 000
预计现金支出					
上年应付账款	10 000				10 000
第一季度(采购 44 000)	26 400	17 600			44 000
第二季度(采购 51 000)		30 600	20 400		51 000
第三季度(采购 53 000)			31 800	21 200	53 000
第四季度(采购 19 400)				11 640	11 640
现金支出合计	36 400	48 200	52 200	32 840	169 640

4. A＝300 000×70％＋500 000×30％＝360 000(元)

B＝500 000×60％＝300 000(元)

C＝300 000＋30 000＋20 000＋8 000＝358 000(元)

D＝50 000＋360 000－358 000＝52 000(元)

E＝52 000(元)

F＝52 000(元)

G＝500 000×70％＋500 000×30％＝500 000(元)

H＝300 000＋30 000＋20 000＋10 000＋150 000＝510 000(元)

I＝52 000＋500 000－510 000＝42 000(元)

J＝50 000－42 000＝8 000(元)

K＝50 000(元)

5. A＝50(万元)

B＝800×80％＋1 000×10％＝740(万元)

C＝612＋(50－30)＝632(万元)

D＝900×50％＝450(万元)

E＝1 539＋100＝1 639(万元)

案例分析答案

(1) 公司管理层及市场部门应当充分进行市场调研分析，设定公司三年内达成的战略目标作为预算目标，然后再把当年总预算目标按各个部门分解到各具体预算单位，以保证目标的一致性和费用的统筹协调性。

(2) 选用多重考核指标取代过去单一的利润总额考核指标，进行与企业发展相符的改进调整，推动战略目标的达成。将利润总额作为主要考核指标，增加研发经费和市场推广营销费用等占收入比率的定量考核指标。结合从客户角度引入病患满意度、药品效果和医院开发使用等其他辅助定性考核指标，使考核指标更加合理、有效。

第七章 标准成本法

重点与难点

一、标准成本法概述

（一）标准成本法的含义

标准成本法，它是指预先制定成本标准，并将实际成本与实际标准成本进行比较，揭示成本差异，分析差异产生的原因，明确经济责任，消除差异，并据以加强成本控制的一种成本计算和成本控制系统。

（二）标准成本法的内容

1. 标准成本的制定

根据已经达到的生产技术水平，通过充分的调查、分析和技术测定，科学地为每一个成本项目制定标准支出。

2. 计算和分析成本差异

在生产过程中，将记录的实际成本与标准成本进行比较，确定各成本项目的差异及产品成本的总差异，分析差异开成的原因，明确经济责任。

3. 成本差异的处理

对各成本项目的差异及产品成本的总差异，按照一定原则和程序进行账务处理，总结经验，并进一步明确降低成本的措施。

（三）标准成本法的作用

（1）有利于企业进行成本控制
（2）有利于企业简化会计工作
（3）有利于进行预算控制，便于企业经营决策
（4）有利于企业正确评价工作业绩

（四）实施标准成本法的基本条件

（1）产品设计及生产过程的标准化
（2）完备的成本管理系统
（3）全员成本参与意识的提高

二、标准成本的制定

（一）标准成本的含义

所谓标准成本，是在充分精确的调查、分析和技术测定的基础上，根据企业现已达到的技术水平所确定的企业在有效经营条件下生产某种产品所应当发生的成本。

"标准成本"在实际工作中有两种含义：

1. 指单位产品的标准成本

$$单位产品标准成本 = 单位产品标准消耗量 \times 标准单价$$

2. 指实际产量的标准成本

$$实际产量的标准成本 = 实际产量 \times 单位产品标准成本$$

（二）标准成本的种类

1. 理想标准成本

理想标准成本是指在现有技术、设备和经营管理达到最优状态下的能够达到的目标成本水平。

2. 正常标准成本

正常标准成本是指在效率良好的条件下，根据下期一般应该发生的生产要素耗用量、生产要素预计价格和预计生产经营能力利用程度制定出来的标准成本。

（三）标准成本的制定

$$某成本项目标准成本 = 该成本项目的价格标准 \times 该成本项目的用量标准$$

$$单位产品标准成本 = \sum(某成本项目的价格标准 \times 该成本项目的用量标准)$$
$$= 直接材料标准成本 + 直接人工标准成本 + 制造费用标准成本$$

1. 直接材料标准成本的制定

$$直接材料标准成本 = 消耗定额 \times 计划价格$$

$$直接材料标准成本 = \sum(某种材料消耗定额 \times 该种材料的计划价格)$$

其中，材料的消耗定额是指在现有生产技术和管理水平条件下，生产单位产品所需要的材料数量，包括必不可少的消耗，以及各种难以避免的损失。材料的计划价格是预计下一年度实际需要支付的进料单位成本，包括发票价格、运费、检验、仓储和正常损耗等成本，是取得材料的完全成本。

2. 直接人工标准成本的制定

$$直接人工标准成本 = 标准工时 \times 标准工资率$$

其中，标准工时是指在现有生产技术和管理水平条件下，生产单位产品所需要的时间，包括直接加工操作必不可少的时间，必要的间歇和停工时间以及不可避免产生的废品所花费的时间等。标准工资率是指每一标准工时应分配的工资数额。

3. 制造费用标准成本的制定

（1）变动制造费用标准成本。

$$变动制造费用标准分配率=\frac{变动制造费用预算总数}{直接人工标准总工时}$$

变动制造费用标准成本＝单位产品直接人工的标准工时×每小时变动制造费用的标准分配率

（2）固定制造费用标准成本。

$$固定制造费用标准分配率=\frac{固定制造费用预算总额}{直接人工标准总工时}$$

固定制造费用标准成本＝单位产品直接人工标准工时×每小时固定制造费用的标准分配率

4. 标准成本卡

通常，企业是通过编制"标准成本卡"来提供产成品标准成本的具体构成，以便于各级责任单位进行成本控制、成本核算、成本差异分析等工作，标准成本卡需要按车间、产品、成本项目分别反映。

三、成本差异的计算与分析

（一）成本差异及成本差异分析的一般原理

成本差异＝实际成本－标准成本
　　　　＝实际数量×实际价格－标准数量×标准价格
　　　　＝实际数量×实际价格－实际数量×标准价格＋实际数量×标准价格－标准数量×标准价格
　　　　＝实际数量×(实际价格－标准价格)＋(实际数量－标准数量)×标准价格
　　　　＝价格差异＋数量差异

有关数据之间的关系如下：

① 实际数量×实际价格 ┐
② 实际数量×标准价格 ┤ ①－②的价格差异 ┐
③ 标准数量×标准价格 ┘ ②－③的数量差异 ┘ ①－③即为成本差异

（二）直接材料成本差异的计算及其分析

1. 直接材料价格差异

直接材料价格差异＝实际数量×(实际价格－标准价格)
或＝$AQ×(AP-SP)$

注意：这里的实际数量是指一定时期的采购数量，而不是实际耗用量。

影响直接材料价格差异的因素很多,如采购批量、交货方式、运输工具、材料数量、购货折价等等,通常这些应由采购部门负责。

2. 直接材料数量差异

$$直接材料数量差异 = 标准价格 \times (实际用量 - 标准用量)$$
$$或 = SP \times (AQ - SQ)$$

造成直接材料数量差异的原因,主要包括:生产工人的技术熟练程度,对工作的责任感,加工设备的完好程度,材料的规格和质量是否符合规定要求以及产品的质量控制和保管制度是否健全,有无贪污盗窃等等。

(三)直接人工成本差异的计算及其分析

1. 直接人工价格差异

$$直接人工工资率差异 = 实际工时 \times (实际工资率 - 标准工资率)$$
$$或 = AH \times (AR - SR)$$

直接人工工资率差异产生的原因一般为:工人调度不当,由高工资工人做低工资工人的工作;工资变动,原标准未及时修改;工资计算方法变更,如计时制改为计件制,计时工资增加加班工资;季节性或紧急性生产增发工资等等。

2. 直接人工数量差异

$$直接人工效率差异 = 标准价格 \times (实际用量 - 标准用量)$$
$$= 标准工资率 \times (实际工时 - 标准工时)$$
$$或 = SR \times (AH - SH)$$

这种差异产生的原因归结起来有以下几点:工人生产技术不熟练;材料不合用;生产工艺改变,未及时修订标准;材料供应不及时;燃料、动力供应中断,停工待产;设备发生故障,停工待修;工作安排得当,工人生产技术提高或生产积极性高,提前完成预定任务等等。

(四)制造费用成本差异的计算及其分析

1. 变动制造费用成本差异

(1)变动制造费用的价格差异。

$$变动制造费用耗用差异 = 实际工时 \times (变动费用实际分配率 - 变动费用标准分配率)$$
$$或 = AH \times (AR - SR)$$

造成变动制造费用耗费差异的产生有以下多种原因:预算估计错误;间接材料价格变化;间接人工工资调整;间接材料质量低劣,耗用量加大,费用增多;间接人工过多等等。

(2)变动制造费用效率差异。

$$变动制造费用效率差异 = 变动制造费用标准分配率 \times (实际工时 - 标准工时)$$
$$或 = SR \times (AH - SH)$$

变动制造费用的效率差异其形成原因与人工效率差异相同,其责任也可参见直接人工用量差异的分析。

2. 固定制造费用成本差异

对固定制造费用一般是采用固定预算方式进行控制的。在全部成本计算方法下制定标准成本时,对于固定制造费用应先订出一个标准的固定制造费用的分配率,其计算公式是:

$$标准的固定制造费用分配率 = \frac{固定制造费用预算总额}{预计产能标准总工时(或机器小时)}$$

固定制造费用成本差异的计算,通常有两因素法和三因素法。

(1) 两因素计算法——计算两种差异。

① 固定制造费用预算差异——就是固定制造费用的实际支付数与预算数的差额,也称固定制造费用耗费差异或开支差异。

固定制造费用预算差异 = 固定制造费用实际支付数 − 固定制造费用预算数

② 固定制造费用能量差异——指在标准生产能量下,标准产量工时的标准固定费用与在实际产量应耗费标准工时下的标准固定费用之间的差额,也称为"固定制造费用产量差异"。

$$\begin{aligned}
\text{固定制造费用能量差异} &= \text{固定制造费用预算数} - \text{固定制造费用标准成本} \\
&= \text{固定制造费用标准分配率} \times (\text{预计产能标准总工时} - \text{实际产量应耗标准工时})
\end{aligned}$$

(2) 三因素计算法——计算三种差异。

① 固定制造费用耗费差异:

固定制造费用耗费差异 = 固定制造费用实际支付数 − 固定制造费用预算数

② 固定制造费用效率差异:

固定制造费用效率差异 = 固定制造费用标准分配率 × (实际耗用工时 − 实际产量应耗标准工时)

③ 生产能力利用差异:

$$\text{固定制造费用生产能力利用差异} = \text{固定制造费用标准分配率} \times (\text{预计产能标准总工时} - \text{实际耗用工时})$$

两因素法与三因素法并无实质差异。因为后者的"固定制造费用耗费差异"就是前者的"固定制造费用预算差异",而后者的"固定制造费用效率差异"与"生产能力利用差异"之和就等于前者的"固定制造费用能量差异"。

固定制造费用成本差异的分析,可以从固定制造费用预算差异和固定制造费用能量差异两方面来看。

固定制造费用预算差异的发生原因有:管理人员工资调整并带来职工福利费的同时调整;折旧方法的改变;修理费用开支加大;租赁费、保险费调整;各项公用价格上涨等等。

产生固定制造费用能量差异的原因有:市场萎缩,订货减少;原设计生产能量过剩;供应不足,停工待料;机械发生故障;燃料能源短缺;产品调整,小批量试产等等。

四、成本差异的账务处理

1. "原材料""生产成本"和"产成品"账户的借贷方,都按标准成本记账

"原材料""生产成本"和"产成品"账户的借贷方,都按标准成本记账。借贷方均登记实际数量的标准成本,其余额一般在借方,反映这些资产项目的标准成本。

2. 设置成本差异账户

设置成本差异账户,记录各项成本差异。这类账户借方登记的金额,反映实际成本超过标准成本的数额,即不利差异;贷方登记的金额,反映实际成本低于标准成本数额,即有利差异。差异账户的设置要与采用的成本差异分析方法相适应,为每一种成本差异设置一个账户。

3. 在会计期末对成本差异进行处理

各成本差异账户的累计发生额,反映了本期成本控制的业绩。在月末(或年末)对成本差异的处理方法有两种:

(1) 结转本期损益法。结转本期损益法是指在会计期末将所有差异全部转入"本年利润"账户,或先将差异转"主营业务成本"账户,视同于销售成本,再随同已销售产品的标准成本一起转至"本年利润"账户。这种方法的账务处理比较简单,当成本差异数额不大时采用此种方法。

(2) 调整销货成本与存货成本法。按照这种方法,在会计期末将成本差异按一定比例分配到已销产品成本和存货成本。通过差异分配,存货成本和销货成本均以实际成本反映,符合税法和会计制度的要求。这种做法会增加一些计算分配的工作量,而且有些差异计入存货成本不一定合理。

关 键 概 念

1. 标准成本法
2. 标准成本
3. 正常标准成本
4. 成本差异
5. 直接材料成本差异
6. 变动制造费用成本差异
7. 固定制造费用成本差异
8. 成本差异账户

练 习 题

一、单项选择题

1. 直接人工效率差异账户的借方余额表明（　　）。
    A. 标准工时超过实耗工时
    B. 实耗工时超过标准工时
    C. 标准工资率和标准工时超过实际工资率和实耗工时
    D. 实际工资率和实耗工时超过标准工资率和标准工时
2. 由于实耗工时脱离标准工时而引起的直接人工成本差异，称为（　　）。
    A. 直接人工效率差异　　　　　　B. 直接人工工资率差异
    C. 生产成本差异　　　　　　　　D. 生产能力差异
3. 企业制定数量标准的部门主要是（　　）。
    A. 生产部门　　　　　　　　　　B. 会计部门
    C. 采购部门　　　　　　　　　　D. 技术部门
4. 在成本差异分析中，变动制造费用效率差异的形成原因类似于（　　）。
    A. 直接人工效率差异　　　　　　B. 直接材料用量差异
    C. 直接人工工资率差异　　　　　D. 直接材料成本差异
5. 固定制造费用的预算金额与标准成本之间的差异称为（　　）。
    A. 固定制造费用效率差异　　　　B. 固定制造费用预算差异
    C. 固定制造费用耗费差异　　　　D. 固定制造费用能量差异
6. 计算价格差异要以（　　）为准。
    A. 标准数量　　　　　　　　　　B. 实际数量
    C. 标准价格　　　　　　　　　　D. 实际价格
7. 计算数量差异要以（　　）为准。
    A. 标准价格　　　　　　　　　　B. 实际价格
    C. 标准成本　　　　　　　　　　D. 实际成本
8. 在标准成本控制系统中，成本差异是指在一定时期内生产一定数量的产品所发生的（　　）之差。
    A. 实际成本与标准成本　　　　　B. 实际成本与计划成本
    C. 预算成本与标准成本　　　　　D. 预算成本与实际成本
9. 下列哪种情况称为成本的不利差异（　　）。
    A. 实际成本＞标准成本　　　　　B. 实际成本＝标准成本
    C. 实际成本＜标准成本　　　　　D. 以上都不是
10. 直接材料价格差异一般应由（　　）负责。
    A. 采购部门　　　　　　　　　　B. 生产部门
    C. 会计部门　　　　　　　　　　D. 运输部门

11. 在标准成本系统中广泛应用的是（　　）。
    A. 基本法标准成本　　　　　　　　B. 理想标准成本
    C. 正常标准成本　　　　　　　　　D. 现行标准成本
12. 以现有生产经营条件都处于最佳状态为基础确定的最低水平的成本叫作（　　）。
    A. 理想标准成本　　　　　　　　　B. 可达到标准成本
    C. 现行标准成本　　　　　　　　　D. 正常标准成本
13. 下列成本差异中，无法从生产过程分析中找到产生原因的是（　　）。
    A. 直接人工效率差异　　　　　　　B. 直接材料用量差异
    C. 变动制造费用耗用差异　　　　　D. 直接材料价格差异
14. 固定制造费用的能量差异可以进一步分为（　　）。
    A. 固定制造费用耗费差异和固定制造费用效率差异
    B. 固定制造费用耗费差异和固定制造费用能量差异
    C. 固定制造费用生产能力利用差异和固定制造费用效率差异
    D. 固定制造费用生产能力利用差异和固定制造费用耗费差异
15. 直接人工工时耗用量差异是指单位（　　）耗用量脱离单位标准人工工时耗用量所产生的差异。
    A. 实际人工工时　　　　　　　　　B. 定额人工工时
    C. 预算人工工时　　　　　　　　　D. 正常人工工时
16. 某企业生产甲产品的实际耗用工时为 45 125 小时，实际产量标准工时为 47 500 小时，预算产量的标准工时为 50 000 小时，固定制造费用标准分配率为 0.64，则固定制造费用效率差异为（　　）。
    A. －2 000　　　　　　　　　　　B. －1 520
    C. 1 600　　　　　　　　　　　　D. 3 120
17. 甲公司加工 A 产品需要的必不可少的加工操作时间为 90 小时，设备调整时间为 2 小时，必要的工间休息时间为 5 小时，正常的废品率为 3%，则 A 产品的直接人工标准工时为（　　）。
    A. 97　　　　　　　　　　　　　　B. 92
    C. 94.85　　　　　　　　　　　　D. 100
18. 某公司本月生产 A 产品 8 000 件，实际耗用甲材料 40 000 千克，材料实际价格为 40 元/千克，A 产品甲材料的用量标准为 4 千克/件，标准价格为 50 元/千克，则其直接材料用量差异为（　　）元。
    A. 400 000　　　　　　　　　　　B. 320 000
    C. －400 000　　　　　　　　　　D. －320 000

二、多项选择题
1. 成本差异分析中不属于价格差异的是（　　）。
    A. 直接人工效率差异　　　　　　　B. 直接材料用量差异

C. 直接人工工资率差异　　　　　　　D. 变动制造费用效率差异
2. 下列属于价格标准的是（　　）。
   A. 材料消耗量　　　　　　　　　　　B. 材料单价
   C. 小时工资率　　　　　　　　　　　D. 小时费用率
3. 构成直接材料成本差异的因素有（　　）。
   A. 直接材料效率差异　　　　　　　　B. 直接材料用量差异
   C. 直接材料闲置能量差异　　　　　　D. 直接材料价格差异
4. 变动性制造费用差异，包括（　　）。
   A. 变动制造费用能量差异　　　　　　B. 变动制造费用闲置能量差异
   C. 变动制造费用效率差异　　　　　　D. 变动制造费用耗用差异
5. 下列各项中，属于影响材料数量差异的情况有（　　）。
   A. 优化操作技术进而节约材料　　　　B. 材料运输保险费提高
   C. 工人操作疏忽造成废品废料增加　　D. 机器不合适造成多耗材料
6. 标准成本制度包括（　　）。
   A. 标准成本的制定　　　　　　　　　B. 成本差异分析
   C. 成本差异计算　　　　　　　　　　D. 成本差异处理
7. 固定制造费用成本差异按三因素计算法可以划分为（　　）。
   A. 固定制造费用效率差异
   B. 固定制造费用数量差异
   C. 固定制造费用耗费差异
   D. 固定制造费用生产能力利用差异
8. 制定正常标准成本时，直接材料价格标准包括（　　）。
   A. 运输费　　　　　　　　　　　　　B. 运输途中的合理损耗
   C. 入库检验费　　　　　　　　　　　D. 仓储费
9. 直接人工工资率差异产生的原因包括（　　）。
   A. 计时制改为计件制
   B. 把工资级别高的工人安排在不需高技术的岗位上
   C. 工人生产技术不熟练
   D. 紧急性生产增发工资
10. 造成变动性制造费用耗费差异的原因有（　　）。
    A. 间接材料质量次、废料多　　　　　B. 间接材料价格变化
    C. 间接人工工资调整　　　　　　　　D. 间接人工过多
11. 正常标准成本是在正常生产经营条件下应达到的成本水平，它是根据（　　）制定的标准成本。
    A. 现实耗用水平　　　　　　　　　　B. 正常价格
    C. 正常生产经营能力利用程度　　　　D. 现实价格
12. 标准成本按其依据的生产技术和经营管理水平不同可分为（　　）。
    A. 理想标准成本　　　　　　　　　　B. 基本标准成本

C. 现行标准成本   D. 正常标准成本

13. 制造费用的工时标准一般可以采用( )。
   A. 直接人工工时   B. 定额工时
   C. 机器工时   D. 标准工时

14. 影响直接材料价格差异的因素有( )。
   A. 采购人员   B. 采购批量
   C. 运输工具   D. 交货方式

15. 正常标准成本是在正常生产条件下应该达到的成本水平,它反映了过去一段时期的( )。
   A. 平均生产能力   B. 平均生产技术
   C. 最高生产能力   D. 最高生产技术

16. 成本差异按照成本的构成可以分为( )。
   A. 直接材料成本差异   B. 直接人工成本差异
   C. 制造费用成本差异   D. 价格差异

17. 造成差异的各项原因中,应当由生产部门负责的有( )。
   A. 材料价格   B. 材料质量
   C. 调度失误   D. 生产安排不当

18. 造成差异的各项原因中,应当由采购部门负责的有( )。
   A. 材料价格   B. 材料质量
   C. 调度失误   D. 供应商选择

三、判断题

1. 制造费用差异按照其形成原因可以分为数量差异和价格差异。( )
2. 成本差异类账户借方金额反映实际成本低于标准成本数额,即有利差异;贷方金额反映实际成本超过标准成本数额,即不利差异。( )
3. 标准成本法是一种成本核算与成本控制相结合的方法。( )
4. 在标准成本系统中,直接材料的价格标准是指预计下年度实际需要支付的材料市价。( )
5. 标准成本制度可以用于制造类企业,但对服务类企业通常不适用。( )
6. 直接人工标准工时包括直接加工操作必不可少的时间、必要的间歇和停工时间以及不可避免产生的废品所花费的时间等。( )
7. 从实质上看,直接人工的工资率差异属于价格差异。( )
8. 在考核固定制造费用的耗费水平时以预算数作为标准,不管业务量增加或减少,只要实际数额超过预算即视为耗费过多。( )
9. 直接材料的价格差异大小是由价格脱离标准的程度以及标准用量高低所决定的。( )
10. 理想标准成本提供一个完美无缺的目标,揭示实际成本下降的潜力,不宜作为考核的依据。( )

四、简答题

1. 制定标准成本应遵循的原则是什么？
2. 标准成本的分类有哪些？
3. 正常标准成本有什么特点？
4. "材料用量差异都由生产部门负责"这种说法是否正确？为什么？
5. 成本差异归集的要点有哪些？

五、计算题

1. 某公司制造 A 产品需要使用甲材料的标准价格为 3 元/千克，实际价格为 3.5 元/千克；标准耗用量为 1 400 千克，实际耗用量为 1 500 千克。加工该产品的标准工资率和标准工时分别为 2 元/工时和 500 工时，实际工资率和实际工时分别为 1.5 元/工时和 600 工时。

   要求：对 A 产品的直接材料和直接人工进行成本差异分析。

2. 某公司生产 A 产品，其制造费用相关资料表如表 7-1 所示：

表 7-1　制造费用相关资料表　　　　　　　　　　　　　单位：元

项目	预算数（工时 6 000）		实际产量标准数（工时 5 000）	实际数（工时 5 500）
	金额	分配率		
变动性制造费用	2 400	0.4	0.4×5 000=2 000	2 090
固定性制造费用	4 800	0.8	0.8×5 000=4 000	4 675
合计	7 200	1.2	6 000	6 765

   要求：进行变动性制造费用和固定性制造费用的差异分析。

3. 以前面两题的计算结果为例，对本月 A 产品的各种成本差异进行归集并编制会计分录，采用"结转本期损益法"处理成本差异。

4. 某公司生产 B 产品，预算产量的工时用量标准为 1 000 小时，制造费用均按人工工时分配；本月实际产量 20 件，实际耗用材料 900 千克，实际人工工时 950 小时；实际成本 17 985 元，其中，直接材料 9 000 元，直接人工 3 420 元，变动制造费用 2 565 元，固定制造费用 3 000 元。其他资料如表 7-2 所示：

表 7-2　单位产品标准成本

成本项目	用量标准	价格标准	标准成本
直接材料	50 千克	9 元/千克	450 元/件
直接人工	（ A ）	4 元/小时	（ F ）
变动制造费用	（ B ）	（ D ）	120 元/件
固定制造费用	（ C ）	（ E ）	80 元/件
合计	—	—	810 元/件

要求:
(1) 计算填写上表"单位产品标准成本"中字母表示的数据;
(2) 计算直接材料的价格差异和数量差异;
(3) 计算直接人工成本的工资率差异和效率差异;
(4) 计算变动制造费用的耗费差异和效率差异;
(5) 三因素法计算固定制造费用成本差异;
(6) 计算本月产品成本差异总额。

案例分析

1. A公司于2017年成立,注册资本2 000万,公司业务主要涉及自动化机械设备、塑胶机械设备、工装模具设备的研究开发与制造等。

因为A公司的经营年限较短,且产品有季节性,因此参考经营期间的平均毛利率,为21%,而同期同行上市公司B的毛利率为46.5%。将产值成本率进行对比,并将该概念引申至直接材料、直接人工和制造费用中得出,100元的产值,A公司需要77元直接材料、8.5元直接人工和2.1元制造费用成本,而B公司只需要56元直接材料、5.12元直接人工和5.5元制造费用,也就是说,相比同行B公司,A公司的制造费用管理较好,而直接材料和直接人工效率则偏低。

针对A公司成本的实际情况引入标准成本法,我们发现公司对直接材料管理时,因为采购没有合理计划,导致材料价比行业要高;采购材料质量不稳定,领、用料管理不完善导致材料用量比同行高;盲目节约人工成本,招聘工人素质低下,加上现场管理落后,直接人工成本也偏高。

请结合A公司存在的问题,提出对其成本控制优化的建议。

2. B单位是以地质勘探及服务为主的省直属二类事业单位,长期以来成本管理意识薄弱,材料浪费严重,管理工作僵化,缺乏效率,工作积极性不高,各方面成本逐年增加。对此,B单位实行了标准成本法绩效考核进行改革。

B单位内设有规划、财务、人力资源、质量安全等9个管理科室,下设地勘公司、深井钻探公司、测绘公司等13个经营实体。由经营管理科牵头成立标准成本管理办公室,负责全队的标准成本制定、监督及评价,统筹管理;各经济管理科室及地勘公司作为小组成员,推动和落实标准成本建设;下设地勘公司项目部标准成本小组及钻机标准成本小组作为执行部门,与标准成本的执行结果有直接关系,并关系到员工的经济收入。

该单位根据各业务部门与战略目标的匹配程度进行资源配置。对地层与入岩程度配备不同型号的钻机及钻头、泥浆泵、发电机组等设备,加强各部门之间的协同管理,加强钻机的保养与维护,对原有财务流程和业务流程进行改造;制定标准成本和分类信息的统计分析;确定标准成本影响因素;定期上报各项数据,以便信息中心对钻孔效率的分析;对不确定因素进行分析及预测。

在实施过程中遇到了如成本核算方法落后、对孔内事故的处理期限及人工费没有有效估计等问题,通过加强学习,提高认识,实行精细化管理,加大制度规范落实,明确奖惩措施等方法得以解决。实施标准成本法绩效考核后,钻机效率得到提高,工作进度增快,显著节约了成本,提高了经济效益。

结合 B 单位标准成本法的应用,请你谈一谈标准成本法应用中存在的优缺点。

练习题答案

一、单项选择题
1. B 2. A 3. A 4. A 5. D 6. B 7. A 8. A 9. A 10. A 11. C 12. A 13. D 14. C 15. A 16. B 17. D 18. A

二、多项选择题
1. ABD 2. BCD 3. BD 4. CD 5. ACD 6. ABCD 7. ACD 8. ABC 9. ABD 10. ABCD 11. BC 12. AD 13. AC 14. BCD 15. AB 16. ABC 17. CD 18. ABD

三、判断题
1. × 2. × 3. √ 4. × 5. × 6. √ 7. √ 8. √ 9. × 10. √

四、简答题

1. (1) 一般由会计部门会同采购部门、技术部门和其他有关经营管理部门的人员在对企业生产经营的具体条件进行分析、研究和技术测定的基础上共同参与商定;

(2) 通常首先确定直接材料和直接人工的标准成本,其次确定制造费用标准成本,最后确定单位产品的标准成本;无论哪一个成本项目,都需要分别确定用量标准和价格标准,两者相乘后得出成本标准;

(3) 应当充分考虑到企业在有效作业状态下所需要的材料、人工数量,预期支付的材料、人工费用,正常情况下应分摊的间接费用等各项因素;

(4) 标准成本的制定应当合适、切实可行,高不可攀会打击员工积极性,门槛太低会失去成本管理的意义;

(5) 定期对标准成本进行评审和维护,保持其先进性和稳定性。

2. (1) 按照其制定所依据的生产技术和经营管理水平可以分为理想标准成本和正常标准成本。

理想标准成本:指在最优的生产条件下,利用现有的规模和设备能够达到的最低成本。它提供一个完美无缺的目标,揭示实际成本下降的潜力,不宜作为考核的依据。

正常标准成本:指在效率良好的条件下,根据下期一般应该发生的生产要素耗用量、预计价格和预计生产经营能力利用程度制定出来的标准成本。它在实际工作中广泛使用。

(2) 按照适用期可以分为现行标准成本和基本标准成本。

现行标准成本：指根据其适用期间应该发生的价格、效率和生产经营能力利用程度等预计的标准成本。它可以成为评价实际成本的依据，也可以用来对存货和销货成本计价。

基本标准成本：指一经指定，只要生产的基本条件无重大变化，就不予变动的一种标准成本。它与各期实际成本对比，可以反映成本变动的趋势，但不宜用来直接评价工作效率和成本控制的有效性。

3.（1）科学性：是用科学方法制定出来的。

（2）客观性：根据客观实验和过去实践制定出来的。

（3）现实性：排除偶然性和意外情况，保留难以避免的损失，代表正常情况下消耗水平。

（4）激励性：正常标准成本大于理想标准成本，小于历史平均水平；是要经过努力才能达到的，可以作为评价业绩的尺度，因而可以调动职工的积极性。

（5）稳定性：可以在工艺技术水平和管理有效性水平变化不大时持续使用，不需要经常修订。

4. 不正确。因为影响材料用量的因素有很多，包括生产工人的技术熟练程度、对工作的责任感、加工设备的完好程度，材料的规格和质量是否符合规定要求以及产品的质量控制和保管制度是否健全，有无贪污盗窃等等。一般来说，材料用量超过标准大多是工人粗心大意、技术素质较低等原因造成的，应当由生产部门负责，但是有时候也会因为其他原因造成。比如采购部门购入了较低质量的材料，导致生产部门用料过多，由此而产生的材料用量差异则由采购部门负责。因此，不能说材料用量差异都是由生产部门负责。

5.（1）平时领用的原材料、发生的直接人工费用、制造费用和各项变动，在"直接材料""直接人工""制造费用"账户进行归集；

（2）月底分析成本差异，将实际费用中的标准成本部分从"直接材料""直接人工""制造费用"账户转入"生产成本"账户；

（3）将完工产品的标准成本从"生产成本"账户转入"产成品"账户；

（4）将已售产品的标准成本从"生产成本"账户转入"营业成本"账户；

（5）对于各项成本差异，从"直接材料""直接人工""制造费用"账户转入各个相对应的成本差异账户。

五、计算题

1.（1）直接材料成本差异分析：

$$直接材料价格差异 = 实际数量 \times (实际价格 - 标准价格)$$
$$= 1\,500 \times (3.5 - 3)$$
$$= 750(元)(不利差异)$$

$$直接材料数量差异 = 标准价格 \times (实际用量 - 标准用量)$$
$$= 3 \times (1\,500 - 1\,400)$$
$$= 300(元)(不利差异)$$

$$直接材料成本差异=直接材料价格差异+直接材料数量差异$$
$$=750+300$$
$$=1\,050(元)(不利差异)$$

(2) 直接人工成本差异分析：

$$直接人工工资率差异=实际工时\times(实际工资率-标准工资率)$$
$$=600\times(1.5-2)$$
$$=-300(元)(有利差异)$$
$$直接人工效率差异=标准价格\times(实际用量-标准用量)$$
$$=标准工资率\times(实际工时-标准工时)$$
$$=2\times(600-500)$$
$$=200(元)(不利差异)$$
$$直接人工成本差异=直接人工工资率差异+直接人工效率差异$$
$$=-300+200$$
$$=-100(元)(有利差异)$$

2. (1) 变动制造费用成本差异分析：

$$变动制造费用耗用差异=实际工时\times(变动制造费用实际分配率-$$
$$变动制造费用标准分配率)$$
$$=5\,500\times(2\,090/5\,500-0.4)$$
$$=-110(元)(有利差异)$$
$$变动制造费用效率差异=变动制造费用标准分配率\times(实际工时-标准工时)$$
$$=0.4\times(5\,500-5\,000)$$
$$=200(元)(不利差异)$$
$$变动制造费用成本差异=变动制造费用耗用差异+变动制造费用效率差异$$
$$=-110+200$$
$$=90(元)(不利差异)$$

(2) 固定制造费用成本差异分析：

① 两因素计算法。

$$固定制造预算差异=固定制造费用实际支付数-固定制造费用预算数$$
$$=4\,675-4\,800$$
$$=-125(元)(有利差异)$$
$$固定制造能量差异=固定制造费用标准分配率\times(产能标准总工时-实际产量应耗标准工时)$$
$$=0.8\times(6\,000-5\,000)$$
$$=800(元)(不利差异)$$
$$固定制造费用成本差异=固定制造预算差异+固定制造能量差异$$
$$=-125+800$$
$$=675(元)(不利差异)$$

② 三因素计算法。

固定制造费用耗费差异＝固定制造费用实际支付数－固定制造费用预算数
$$=4\,675-4\,800$$
$$=-125(元)(有利差异)$$

固定制造费用效率差异＝固定制造费用标准分配率×(实际耗用工时
　　　　　　　　　　－实际产量应耗标准工时)
$$=0.8\times(5\,500-5\,000)$$
$$=400(元)(不利差异)$$

固定制造费用生产能力利用差异＝固定制造费用标准分配率×(产能标准总工时
　　　　　　　　　　　　　　－实际耗用工时)
$$=0.8\times(6\,000-5\,500)$$
$$=400(元)(不利差异)$$

固定制造费用成本差异＝固定制造费用耗费差异＋固定制造费用效率差异
　　　　　　　　　　＋固定制造费用生产能力利用差异
$$=-125+400+400$$
$$=675(元)(不利差异)$$

3. （1）购入原材料

借：原材料	4 500	
直接材料价格差异	750	
贷：银行存款		5 250

（2）领用原材料

借：生产成本	4 200	
直接材料数量差异	300	
贷：原材料		4 500

（3）直接人工工资

借：生产成本	1 000	
直接人工效率差异	200	
贷：应付职工薪酬		900
直接人工工资率差异		300

（4）结转本期变动制造费用

借：生产成本	2 000	
变动制造费用效率差异	200	
贷：变动制造费用		2 090
变动制造费用耗费差异		110

（5）结转本期固定制造费用（两因素法）

借：生产成本	4 000	
固定制造费用能量差异	800	

贷：固定制造费用　　　　　　　　　4 675
　　　　　固定制造费用耗费差异　　　　　 125
（6）完工产品入库
借：产成品　　　　　　　　　　　　11 200
　　　贷：生产成本　　　　　　　　　　11 200
（7）结转成本差异
借：主营业务成本　　　　　　　　　 1 715
　　直接人工工资率差异　　　　　　　 300
　　变动制造费用耗费差异　　　　　　 110
　　固定制造费用耗费差异　　　　　　 125
　　　贷：直接材料价格差异　　　　　　 750
　　　　　直接材料数量差异　　　　　　 300
　　　　　直接人工效率差异　　　　　　 200
　　　　　变动制造费用效率差异　　　　 200
　　　　　固定制造费用能量差异　　　　 800

4．（1）F＝810－450－120－80＝160（元/件）

A＝160/4＝40（小时）

C＝B＝A＝40（小时）

D＝120/40＝3（元/小时）

E＝80/40＝2（元/小时）

（2）直接材料价格差异＝实际数量×（实际价格－标准价格）
　　　　　　　　　　　＝900×(9 000/900－9)
　　　　　　　　　　　＝900（元）（不利差异）

直接材料数量差异＝标准价格×（实际用量－标准用量）
　　　　　　　　＝(9 000/900)×(900－20×50)
　　　　　　　　＝－900（元）（有利差异）

（3）直接人工工资率差异＝实际工时×（实际工资率－标准工资率）
　　　　　　　　　　　　＝950×(3 420/950－4)
　　　　　　　　　　　　＝－380（元）（有利差异）

直接人工效率差异＝标准价格×（实际用量－标准用量）
　　　　　　　　＝标准工资率×（实际工时－标准工时）
　　　　　　　　＝4×(950－20×40)
　　　　　　　　＝600（元）（不利差异）

（4）变动制造费用耗用差异＝实际工时×（变动制造费用实际分配率－变动制造费用标准分配率）
　　　　　　　　　　　　　＝950×(2 565/950－3)
　　　　　　　　　　　　　＝－285（元）（有利差异）

变动制造费用效率差异＝变动制造费用标准分配率×(实际工时－标准工时)
　　　　　　　　　＝3×(950－20×40)
　　　　　　　　　＝450(元)(不利差异)

(5) 固定制造费用耗费差异＝固定制造费用实际支付数－固定制造费用预算数
　　　　　　　　　＝3 000－2×1 000
　　　　　　　　　＝1 000(元)(不利差异)

固定制造费用效率差异＝固定制造费用标准分配率×(实际耗用工时－实际产量应耗标准工时)
　　　　　　　　　＝2×(950－20×40)
　　　　　　　　　＝300(元)(不利差异)

固定制造费用生产能力利用差异＝固定制造费用标准分配率×(产能标准总工时－实际耗用工时)
　　　　　　　　　＝2×(1 000－950)
　　　　　　　　　＝100(元)(不利差异)

(6) 产品成本差异总额＝17 985－20×810
　　　　　　　　　＝1 785(元)(不利差异)

案例分析答案

1．(1) 制定合理的采购方案。首先根据生产计划计算材料用量，根据设计要求确定材料质量，其次结合资金安排，初步制定包含材料数量、质量、最后到货期的采购计划。在具体执行时，结合经济批量法，考虑采购周期、运输工具负载率与采购数量、价格之间的关系平衡采购价格和库存成本。

(2) 完善企业人事管理制度。公司可以开展"成本考核"和"成本否决"等机制，让员工积极参与到成本控制中去。每个月生产部门与财务部门根据具体成本数据，给车间制定成本控制指标，根据完成情况给予一定的奖励或惩罚。另外，还可开放员工入股，使得企业的盈利情况与员工自身利益相关时，提高员工对成本控制的重视程度。

(3) 严格把控现场管理。生产工人领料时，应规范填写限额领料单，并且领料人及仓管都要签字。超出限额领料时，需要说明原因，根据原因、超额数，经过不同级别的负责人审批后才能领发。使用材料时，例如贵重需切割的材料，应使用材料切割核算单，要求员工算清每次切割产生的用料差异，并说明原因。车间管理人员按时汇总材料切割核算单，一方面汇总差异原因，对共性问题集中培训解决；另一方面确认余料处理是否恰当，避免能用的余料变废料，能销售的废料变垃圾等情况的出现。

2．(1) 标准成本法在应用中的优点：管理思想先进，通过事前制定标准成本，可事前限制各种消耗和费用的发生；在成本形成过程中，通过实际与标准成本的差异分析，及时发现问题，采取措施加以改进和纠正，降低成本；产品成本形成之后，分析差异原因，总结经验，为未来降低成本指明方向。成本的差异分析可以明确经济责任，能正确评价责任中心的工作业绩,能起到对职工的激励和考核,提高职工的责任感和积极性。标准成本的主要作用是衡量工作效率和控制成本,对成本加强控制要比单纯进行成本计算更为重要,标准成本法有助于经营决策。标准成本资料可以直接作为编制预算的基础,为预算的编制提供了极大的方便,并提高了预算的有效性。同时,对原材料、在产品、产成品及销售成本等均以标准成本计价,成本差异另行记录,可以大大简化成本计算中的日常工作,加速成本计算。

（2）标准成本法在应用中的缺点:标准成本制度必须建立在严密的计量管理和较高的信息化程度之上;当企业同时有多种类型项目时,这种方法将不适用,差异较难得到恰当处理;维持标准成本系统的劳动代价较高,并且随着时间推移和技术进步,标准更新很快,容易过时。

第八章 责任会计

重点与难点

一、责任会计概述

（一）责任会计的含义

责任会计一般是指在企业内部划分若干责任中心，以各责任中心为会计主体，进行控制、核算、分析和考核的一种控制体系。

（二）责任会计的基本内容

1. 合理划分责任中心

根据企业的具体情况和内部管理的实际需要，把其所属的各部门、各单位划分为若干分工明确、责权范围清晰的责任中心，并规定这些中心的负责人对他们分工负责的成本、收入、边际贡献、税前利润、投资效益等重要经济指标，向上一级主管单位承担经济责任。

2. 正确编制责任预算

按照责任中心来落实企业的总体目标，即将企业的总体目标层层分解，具体落实到每一个责任中心，作为其开展经营活动、评价工作成果的基本标准和主要依据。

3. 建立健全原始记录与报告系统

责任中心及其责任预算一经确定，就要按责任中心建立相应的一套完整的日常记录、计算和积累有关责任预算执行情况的原始记录系统，对实际执行情况进行跟踪反映，并定期编制"业绩报告"，找出实际执行情况与预算之间的差异，以作为业绩评价和考核的依据。

4. 合理制定内部转移价格

为了便于划分各责任中心的经济责任，明确各责任中心的业绩，各责任中心相互之间提供产品或劳务，应根据各责任中心经营活动的特点，合理地制定内部转移价格，并据以计价结算。所制定的内部转移价格，必须既有助于调动各个方面资本经营的主动性、积极性，又有助于实现局部和整体之间的目标一致。

5. 分析评价业绩，建立奖罚制度

通过定期编制业绩报告，对各个责任中心的工作进行全面分析和评价，并按实际工作成果的好坏进行奖惩,做到功过分明,奖惩有据,最大限度地调动各个责任中心的积极性,促进其相互协调并卓有成效地开展各项活动。

(三) 建立责任会计制度的基本原则

1. 目标一致性原则

目标一致性原则就是要求各责任中心目标的实现要有助于企业总体目标的实现,使两者的目标保持一致。

2. 责、权、利相结合原则

在责任会计制度下,要明确各责任中心应承担的责任,同时赋予其相应的管理权力,以及通过努力可获得的利益。

3. 可控性原则

可控性原则是指各责任中心只能对其可以控制和管理的经济活动负责,对其权力不及的、控制不了的经济活动不承担责任。

4. 及时反馈原则

一个健全的责任会计制度,需要建立一个有效的信息反馈系统。通过有关信息的传递和反馈,使有关责任人既能够了解现行的业绩,把握工作进度,又能够针对生产经营活动中存在的问题,制定及时的、相应的改正方法和措施。

二、责任中心与业绩评价

(一) 成本中心

成本中心(Cost Center)是只对成本或费用负责的一种责任中心。成本中心是成本发生的单位,一般没有收入,或仅有无规律的少量收入,其责任人可以对成本的发生进行控制,但不能控制收入与投资,因此成本中心只需对成本负责,无须对收入、利润或投资负责。

成本中心可分为两种:成本中心和费用中心。成本中心是指那些有明确、具体的产品,且对生产产品所需各种要素的投入量能够合理预计的成本中心。费用中心则是指那些工作成果不能用财务指标来计量,或者投入与产出之间没有密切关系的成本中心,例如行政管理部门(人事、劳资、会计、法律等部门)、研究和开发部门以及一些销售活动(如广告、宣传和仓储等)。

成本中心所发生的各项成本,对成本中心来说,有些是可以控制的,即可控成本,有些是无法控制的,即不可控成本。一般认为,可控成本应同时具备三个条件:(1)成本中心能够通过一定的方式预知将要发生什么性质的成本;(2)成本中心能够对其进行计量;(3)成本中心能够控制和调节成本发生的数额。凡是不能同时符合上述三个条件的,即为不可控成本。成本中心只能对其可控成本负责。属于某成本中心的各种可控成本之和,即构成该成本中心的责任成本。

责任成本是对成本中心进行考核的主要内容,与传统产品成本的概念有着本质的区别。两者的主要区别在于:(1)成本计算的对象不同。责任成本以责任中心作为计算对象,而产品成本则是按产品进行计算。(2)成本计算的原则不同。责任成本的计算原则是"谁负责,谁承担",而产品成本以"谁受益、谁承担"为计算原则,产品成本包括了从事产品生产的各个责任中心为生产该种产品而发生的成本,其中既包括各责任中心的可控成本,也包括各责任中心的不可控成本。就责任成本和产品成本的联系来说,两者在性质上是相同的,均为企业在生产经营过程中的资源耗费。就某一时期来说,整个企业的产品总成本与整个企业的责任成本总和是相等的。

(二) 利润中心

利润中心(Profit Center)是指既对成本负责、又对收入和利润负责的责任中心。利润中心既能控制其成本,又能控制其收入,但不能控制投资活动。它主要指企业内部同时具有生产和销售职能,有独立的、经常性的收入来源的较高层次的组织机构,如分公司、分厂等。

利润中心既对收入负责,也对成本负责,因此其责任预算包括收入、成本和利润三部分内容,由于利润指标本身并不是一个非常具体明确的概念,因此在实务中随着所确认的责任成本范围的不同,利润指标的选择也有所不同,通常可选择的评价指标有边际贡献、分部经理边际贡献和分部边际贡献等。

(三) 投资中心

投资中心(Investment Center)是指既要对成本和利润负责,又要对投资负责的责任中心。投资中心是企业最高层次的责任中心,不仅在产品的生产和销售上享有较大的自主权,而且具有一定的投资决策权,能够相对独立地运用其所掌握的资金,因而它既要对成本和利润负责,又要对资金的合理运用负责。

投资中心本身也是一级利润中心,是一级扩大了责任的利润中心。除了控制、分析与考核各种成本、利润指标之外,还要计算反映投资效果的指标,如投资报酬率和剩余收益等。

1. 投资报酬率

投资报酬率(Return On Investment, ROI)也称投资利润率,是反映投资获利能力的指标,其计算公式如下:

$$\text{投资报酬率} = \frac{\text{营业利润}}{\text{经营资产}}$$

$$= \frac{\text{销售收入}}{\text{经营资产}} \times \frac{\text{营业利润}}{\text{销售收入}}$$

$$= \text{资产周转率} \times \text{销售利润率}$$

公式中的"营业利润"也称销售利润,是指未扣除利息税金的利润,即"税息前利润"或"税息前盈余"(EBIT),而不是税后净利。"经营资产"是指投资中心经营活动中占用的全部资产,包括固定资产和流动资产。由于营业利润是一个时期指标,为使分子分母的计算口径保持一致,从而有可比性,因此分母经营资产必须按平均占用额计算,通过采用期初、期末的平均数来计算。

2. 剩余收益

剩余收益(Residual Income, RI),也称剩余利润,即投资中心的营业利润扣减其资产按规定的最低报酬率计算的投资报酬后的余额。其计算公式如下：

剩余收益＝营业利润－经营资产×规定的最低报酬率

公式中的规定的最低报酬率通常是指整个企业为保证其生产经营健康而持续地进行必须达到的最低投资报酬率。

剩余收益作为评价投资中心工作业绩的绝对数指标，和投资报酬率相比有两个优点：一是可以解除利用投资报酬率进行业绩评价带来的错误信号，并促使管理当局重视对投资中心业绩的金额评价；二是可以鼓励投资中心负责人乐于接受比较有利的投资，使部门目标和企业整体目标趋于一致。

三、内部转移价格

（一）内部转移价格的制定原则
（1）激励原则。
（2）目标一致原则。
（3）自主原则。
（4）灵活性和稳定性相结合原则。

（二）内部转移价格的类型
（1）以成本为依据的内部转移价格。
（2）以市场价格为依据的内部转移价格。
（3）经过协商的市场价格。
（4）双重内部转移价格。

四、国际转移价格

（一）国际转移价格的主要功能

跨国公司制定并使用转移价格是为其全球竞争战略服务的，实现全球经济效益的最优化是使用转移价格的根本出发点。除了被用于合理报告分部业绩，为绩效评估提供依据之外，制定国际转移价格的主要目标和功能通常还包括以下几个方面：(1)调节利润，(2)控制市场，(3)降低风险。

（二）国际上对转移价格的管理措施

各国税务机关对跨国公司的避税动机不会视而不见，会采取各种措施来规范公司的国际转移价格政策，并加强对转移价格违法的处罚。为了解决国际转移价格下的避税问题，国际经济合作与发展组织（OECD，简称"经合组织"）1995 年颁发了一份重要文件"跨国企业与税收管理转移定价指南"。经合组织转移定价指南侧重于转移价格调整的规范，认为当跨国公司自行制定的转让价格明显存在关联交易的，有调整利润、转移税收等倾向存在时，东道国税务机关可以根据正常交易原则、最优法原则和可比性原则调整转移定价。

(三) 制定国际转移价格应考虑的因素

（1）外部因素。外部因素主要指经济因素和政治因素。经济因素包括东道国政府的税收法规、外汇与金融管制、通货膨胀、子公司所在行业的竞争状况等。政治因素表现为东道国政府的政治稳定性、政策连续性、法律法规的完善程度等。

（2）内部因素。从公司内部来看，国际转移价格首先应满足公司整体战略和经营目标的要求，企业经营应充分考虑企业所处的经营环境。从跨国经营的角度来看，在跨国经营的不同阶段，企业所面临的经营环境不同，由此制定的战略重点也不同。

(四) 国际转移价格的制定方法

经合组织转移定价指南把转移价格的制定方法分为两类，第一类是基于市场的方法，包括可比非控制价格、转售加成法和成本加成法；第二类是基于利润的方法，包括利润分离法、交易净毛利法和其他把利润从交易中分离出来的方法。

关 键 概 念

1. 责任会计
2. 责任中心
3. 责任成本
4. 可控性原则
5. 成本中心
6. 利润中心
7. 投资中心
8. 剩余收益
9. 内部转移价格
10. 双重内部转移价格

练 习 题

一、单项选择题

1. 成本中心与费用中心的区别在于（　　）。
    A. 前者主要为企业提供一定的专业性劳务，而后者可以为企业提供一定的物质产品
    B. 费用中心在企业外部没有相应的销售市场
    C. 对二者的考核与评价的依据不同
    D. 成本中心在企业外部有相应的销售市场
2. 按照不同责任中心的责任对象的特点和责任范围的大小，一般可将责任中心分为（　　）。

A. 销售中心 B. 成本(费用)中心
C. 投资中心 D. 利润中心

3. 可鼓励投资中心负责人乐于接受比较有利的投资,使部门的目标和整个企业目标趋于一致的评价和考核指标是( )。
A. 销售利润 B. 投资利润率
C. 资产周转率 D. 剩余收益

4. 在中间产品存在完全竞争市场的情况下,最理想的标准价格是( )。
A. 市场价格减对外销售费 B. 以市场为基础的协商价格
C. 变动成本加固定费转移价格 D. 全部成本转移价格

5. 成本的可控性与不可控性,随着条件的变化可能发生相互转化。下列表述中,不正确的说法是( )。
A. 高层责任中心的不可控成本,对于较低层次的责任中心一定是不可控的
B. 低层次责任中心的不可控成本,对高层责任中心是可控的
C. 某一责任中心的不可控成本,对另一个责任中心来说则可能是可控的
D. 从短期看属不可控的成本,从较长的期间看可能又成为可控成本

6. 具有独立或相对独立的收入和生产经营决策权,并对成本、收入和利润责任的责任中心是( )。
A. 成本中心 B. 利润中心
C. 投资中心 D. 财会中心

7. 在评价利润中心的指标中,理论上最优的选择是( )。
A. 贡献毛益 B. 可控贡献毛益
C. 部门贡献毛益 D. 税前部门利润

8. 成本中心之间相互提供产品或劳务,作为内部转移价格的是( )。
A. 协商价格 B. 市场价格
C. 标准成本 D. 实际成本

9. 在选择计算剩余收益指标时所使用的规定或预期的最低报酬率时,通常考虑的指标是( )。
A. 最高利润率 B. 最低利润率
C. 平均利润率 D. 销售利润率

10. 建立责任会计的目标是为了( )。
A. 实现责权利的协调统一 B. 划分责任中心
C. 编制责任预算 D. 提交责任报告

11. 甲利润中心常年向乙利润中心提供劳务,假定今年使用的内部结算价格比去年有所提高,在其他条件不变的情况下,下列各项中不可能发生的事项是( )。
A. 甲中心取得了更多的利润 B. 乙中心因此而减少了内部利润
C. 企业的总利润有所增加 D. 企业的总利润没有变化

12. 责任会计的主体是( )。
A. 责任中心 B. 产品成本

C. 生产部门　　　　　　　　　　D. 管理部门

13. 在确定内部转移价格中的协商价格下限时,可供选择的标准( )。
    A. 市价　　　　　　　　　　　B. 标准成本
    C. 单位变动成本　　　　　　　D. 单位成本

14. 在以成本为内部转移价格制定基础的条件下,如果产品的转移涉及到利润或投资中心,内部转移价格应采用( )。
    A. 实际成本　　　　　　　　　B. 标准成本
    C. 标准成本加成　　　　　　　D. 变动成本

15. 从引进市场机制、营造竞争气氛、促进客观和公平竞争的角度看,制定内部转移价格的最好依据是( )。
    A. 市场价格　　　　　　　　　B. 协商价格
    C. 双重价格　　　　　　　　　D. 成本价格

16. 在计算投资报酬率时,其经营资产计价是采用( )。
    A. 原始价值　　　　　　　　　B. 账面价值
    C. 评估价值　　　　　　　　　D. 市场价值

17. 当内部产品或劳务有外界市场,供应方有剩余生产能力,而且其单位变动成本低于市价,采用单一的内部转移价格又不能调动责任中心的积极性和确保责任中心与整个企业的经营目标实现时,可考虑采用( )。
    A. 市场价格　　　　　　　　　B. 协商价格
    C. 双重价格　　　　　　　　　D. 成本价格

18. 业绩考核是责任会计的重要环节,它通常以责任预算为依据,通过编制( )将实际完成情况与预算比较,借以评价和考核责任中心的工作成果。
    A. 责任报告　　　　　　　　　B. 差异分析表
    C. 预算执行情况表　　　　　　D. 实际执行与预算比较表

19. 责任转账的本质就是按照责任成本的责任归属将其结转给( )。
    A. 发生责任成本的责任中心　　B. 应承担责任成本的责任中心
    C. 发生责任成本的下一责任中心　D. 企业财务部门

20. 下列各项中不属于责任成本必须同时具备条件是( )。
    A. 可以预计　　　　　　　　　B. 可以计量
    C. 可以控制　　　　　　　　　D. 可以对外报告

21. 内部转移价格中,( )依赖于一个某种形式的外部市场,使买卖双方可以自由地选择,在双方矛盾无法解决时企业高层要进行必要的干预。
    A. 市场价格　　　　　　　　　B. 协商价格
    C. 双重内部转移价格　　　　　D. 成本价格

22. 某投资中心的投资额为 100 000 元,加权平均的最低投资报酬率为 10%,剩余收益为 10 000 元,则该中心的投资报酬率( )。
    A. 10%　　　　　　　　　　　 B. 20%
    C. 30%　　　　　　　　　　　 D. 60%

23. 在其他条件不变的情况下,总厂提高了某下级分厂产品的内部转移价格,其结果是( )。
    A. 企业总体的利润下降   B. 企业总体的利润不变
    C. 该分厂的利润下降   D. 该分厂的利润不变

24. 甲责任中心的产品市场价格为100元,单位变动成本为70元,甲将产品转让给乙,厂内银行支付甲100元价格,以70元收取乙的价款,据此断定采用的内部转移价格是( )。
    A. 市场价格   B. 协商价格
    C. 成本价格   D. 双重价格

25. 在责任会计系统中,内部转移价格的制定必须保证实现( )。
    A. 企业整体价值最大
    B. 提供产品的责任中心的价值最大
    C. 接受产品的责任中心的价值最大
    D. 社会或行业的利润最大

二、多项选择题

1. 利润中心的基本类型有( )。
    A. 人为的利润中心   B. 费用中心
    C. 收入中心   D. 自然的利润中心

2. 利润中心、投资中心之间相互提供产品,可采用的内部转移价格有( )。
    A. 双重价格   B. 成本加成
    C. 协商的市场价格   D. 市场价格

3. 责任会计制度的建立和实施中应遵循的原则有( )。
    A. 责权利相结合原则   B. 目标一致原则
    C. 可控性原则   D. 及时反馈原则

4. 实行责任会计的基础和条件包括( )。
    A. 划分责任中心,规定权责范围
    B. 评价和考核实际工作业绩
    C. 建立和健全严密的信息收集、加工系统
    D. 确定各责任中心的目标

5. 下列各企业内部单位中可以作为责任中心的有( )。
    A. 分公司   B. 个人
    C. 车间   D. 班组

6. 成本中心的特点是( )。
    A. 不会形成可以以货币计量的收入   B. 仅计量和考核发生的成本、费用
    C. 可以形成以货币计量的收入   D. 工作成果便于进行货币计量

7. 下列项目中属于责任中心考核指标的有( )。
    A. 投资报酬率   B. 可控成本

C. 利润 D. 剩余收益

8. 投资中心工作成绩评价与考核的主要指标有（   ）。
   A. 投资报酬率 B. 销售利润率
   C. 剩余收益 D. 贡献毛益

9. 内部转移价格的种类有（   ）。
   A. 市场价格 B. 双重价格
   C. 协商价格 D. 成本加成价格

10. 责任中心基本形式有（   ）。
    A. 成本中心 B. 生产中心
    C. 利润中心 D. 投资中心

11. 投资报酬率的高低受以下因素的影响（   ）。
    A. 资产周转率 B. 经营资产
    C. 经营净利润 D. 销售利润率

12. 责任成本与产品成本的不同之处包括（   ）。
    A. 产品成本是按产品计算的，而责任成本是按责任中心计算的
    B. 产品成本是谁受益谁承担，而责任成本是谁负责谁承担
    C. 产品成本为考核不同产品的盈利性提供客观依据，而责任成本则反映责任预算的执行情况
    D. 从理论上讲，一个期间内全企业的产品总成本应不等于全企业的责任中心的总成本

13. 下列各项中属于制定内部转移价格应遵循的原则有（   ）。
    A. 有利于划分各责任中心的成绩和不足
    B. 要公正合理，避免主观随意
    C. 不能使用双重价格
    D. 要为供求双方自愿接受

14. 下列各项中，属于揭示自然利润中心特征的表述包括（   ）。
    A. 直接面对市场 B. 只有部分经营权
    C. 只计算可控成本 D. 对外销售产品取得收入

15. 下列各项中，可以作为内部转移价格的有（   ）。
    A. 标准变动成本 B. 实际成本
    C. 标准成本加成 D. 标准成本

16. 利润中心的具体考核指标有（   ）。
    A. 利润中心贡献毛益 B. 利润中心负责人可控利润总额
    C. 利润中心可控利润总额 D. 总资产息税前利润率

17. 下列各项中可以反映内部转移价格与外部市场价格的不同之处的表述是（   ）。
    A. 供求双方的关系是一种模拟市场竞争关系，使两个责任中心处于交易的两极
    B. 内部结算价格的目的在于对责任中心进行考核和评价

C. 内部结算价格不完全按市场供求状况决定

D. 内部结算价格不会改变企业利润总额

18. 责任中心之间进行内部结算和责任成本结转所使用的内部转移价格包括（　　）。

   A. 市场价格　　　　　　　　　B. 协商价格
   C. 双重价格　　　　　　　　　D. 成本价格

19. 在采用市场价格作为内部转移价格时，在不影响企业整体利益的前提下，应遵循的原则有（　　）。

   A. 当供方愿意对内销售，且售价不高于市价时使用方有购买的义务，不得拒绝购进
   B. 当供方售价高于市场价格时，使用方有转向市场的自由
   C. 当供方宁愿对外销售则应有不对内销售的权利
   D. 当市场上不止一种市价时，供求双方应进行协商

20. 当采用双重协商价格时，可能出现的情况有（　　）。

   A. 供应方采用最高市价
   B. 使用方采用最低市价
   C. 供应方按市场价格或议价计价，使用方按对方的单位变动成本计价
   D. 产生内部利润

21. 成本转移价格包括的形式有（　　）。

   A. 定额成本　　　　　　　　　B. 标准成本
   C. 标准成本加成　　　　　　　D. 标准变动成本

22. 投资中心的基本特征包括（　　）。

   A. 享有产品的生产权和销售权
   B. 以"剩余利润"和"投资利润率"作为评价和考核工作成果的指标
   C. 有权购建固定资产
   D. 可以考核资金的利用效果

23. 符合"可控成本"的条件包括（　　）。

   A. 成本中心可以知晓将要发生何种性质的费用
   B. 成本中心能够计量所要发生的耗费
   C. 成本中心能够确切地知道发生耗费的数额
   D. 成本中心能够控制并调节其耗费

24. 制定国际转移价格的主要目标和功能包括以下几个方面（　　）。

   A. 报告业绩　　　　　　　　　B. 避税
   C. 调节利润　　　　　　　　　D. 控制市场

25. 国际转移价格的制定方法分为基于市场的方法和基于利润的方法，其中基于市场的方法包括（　　）。

   A. 可比非控制价格　　　　　　B. 转售价格法
   C. 成本加成法　　　　　　　　D. 利润分离法

三、判断题

1. 导致责任会计产生的主要原因是企业规模的扩大。（   ）
2. 责任会计制度的最大优点是可以精确计算产品成本。（   ）
3. 剩余收益指标的优点是,可以使责任中心的业绩评价与企业目标协调一致。（   ）
4. 编制责任预算需要在责任报告基础上进行,责任报告是考核评价经营业绩的载体。（   ）
5. 以实际成本作为内部转移价格可以避免责任转嫁现象。（   ）
6. 当供方提供的产品或劳务没有现成的市场价格时,可采用协商价格作为内部转移价格。（   ）
7. 利润中心实际发生的利润数大于预算数而形成的差异是不利差异。（   ）
8. 对于上级分配来的固定成本,由于利润中心无法控制其数额,所以,对这部分固定成本的影响在考核时应将其剔除。（   ）
9. 一般来说,成本中心相互提供产品或劳务,最好以实际成本作为内部转移价格。（   ）
10. 各成本中心的可控成本之和即是企业的总成本。（   ）
11. 成本中心实际的责任成本大于责任成本预算的差异是有利差异。（   ）
12. 利润中心或投资中心之间相互提供产品或劳务,最好以市场价格作为内部转移价格。（   ）

四、简答题

1. 分权管理模式对责任会计的产生和发展有何影响？
2. 建立责任会计制度时应遵循的可控性原则如何理解？
3. 责任中心分为哪几种？不同类型责任中心的责任会计有何特点？
4. 制定内部转移价格的基本原则是什么？
5. 责任成本与产品成本、可控成本的关系怎样？
6. 国际转移定价应考虑哪些因素？
7. 各种类型内部转移价格的适用范围和优缺点怎样？

五、计算题

1. 某公司下属 A、B 两个分部均为投资中心,其中 A 分部每年发生固定成本 90 000 元,生产甲部件单位变动成本 6 元,如果直接对外出售,市场价格为 10 元。甲部件也可作为 B 分部的原材料,B 分部每年发生固定成本 40 000 元,每年最多可将 10 000 件甲部件深加工为 10 000 件乙产品,单价为 20 元,追加单位变动成本 5 元。甲产品的市场容量为 30 000 件。

要求:

(1) 假定 A 分部全年最多可生产甲部件 30 000 件,能否采用市场价格作为内部转移价格？

(2) 假定 A 分部全年最多可生产甲部件 40 000 件,能否采用市场价格作为内部转移价格?

(3) 假定 A 分部全年最多可生产甲部件 40 000 件,甲部件的协商价格为 8 元,能否采用协商价格作为内部转移价格?

2. 某公司下属 A、B 两个部门均属利润中心,A 部门生产的半成品给 B 部门制造产成品。A 部门完工半成品的单价 15 元,单位变动成本 6 元。B 部门对半成品进行加工的单位加工费 8 元,完工产品的单价 17 元。假定 A 部门固定性制造费用为 400 000 元,预计产量为 100 000 件,单位完全成本的计算如下:变动成本 6+固定成本 4=10 元。如果 A 部门有剩余生产能力。现 B 部门正在考虑是否向 A 部门购买 10 000 件半成品。

要求:

(1) 假定按完全成本结转,B 部门是否愿意购买?

(2) 假定 B 部门决定购买,从企业整体看是否有利?

3. 某公司 A 部门现拥有一项价值 20 000 元的固定资产,该项资产每年可获利 3 000 元。该公司的平均利润率为 14%,该部门目前的投资报酬率为 16%。该部门共占用资产 425 000 元,当年实现利润 68 000 元。(不考虑税收因素)

要求:

(1) 计算 A 部门放弃该项资产后的报酬率,并与放弃前比较;

(2) 计算 A 部门放弃该项资产前后的剩余收益,并进行比较;

(3) 计算 A 部门是否应该放弃该项资产。

4. 请根据表 8-1 中的资料,将表中空白部分通过计算逐一填列:

表 8-1 收入利润表 单位:元

部门	甲	乙	丙	丁
销售收入	500 000		450 000	
营业利润	20 000		22 500	10 000
营业资产		100 000	90 000	
销售利润率		8%		4%
投资周转率		3 次		
投资报酬率	10%		16%	

5. 某公司的平均报酬率为 13%,其所属某投资中心的经营资产为 8 000 000 元,营业利润为 1 300 000 元。

要求:

(1) 计算该投资中心的投资报酬率和剩余收益。

(2) 假定现追加投资 3 000 000 元,可为企业 450 000 元,计算此时该投资中心的投资报酬率和剩余收益。

6. A集团公司的资本成本为16%,隶属于A集团公司的B公司被确定为一个投资中心。B公司的经营净利润为150 000元,平均经营资产800 000元。B公司内部有一营业网点,其投资额200 000元,经营净利润34 000元。B公司欲按原始投资额出售这一营业网点。

要求:

(1) 分别从B公司利益和A集团公司利益出发,运用投资利润率指标分析评价是否应该出售这一营业网点;

(2) 分别从B公司利益和A集团公司利益出发,运用剩余利润指标分析评价是否应该出售这一营业网点。

7. 某企业有若干个投资中心,报告期整个企业的投资报酬率为14%,其中甲投资中心的投资报酬率为18%,该中心的经营资产为200 000元,利润为36 000元。预算期甲投资中心有一追加投资的机会,投资额为100 000元,预计利润16 000元,投资报酬率为16%,甲投资中心预期最低投资报酬率为14%。

要求:

(1) 假定甲投资中心接受投资项目,分别用投资报酬率和剩余收益指标考核甲投资中心;

(2) 分别从整个企业和甲投资中心角度,说明是否应当接受这一投资项目。

8. 某公司的一个事业部是投资中心,某季度的有关资料如表8-2所示:

表8-2 季度情况表 单位:元

摘要	预算	实际
销售收入	100 000	150 000
营业利润	8 000	11 000
营业资产	40 000	50 000
长期负债	10 000	12 000

该公司预期最低报酬率为16%。

要求:为该事业部编制某季度的成果报告(表8-3),并作出适当评价。

表8-3 季度成果报告

摘要	预算	实际	差异
销售收入			
销售成本			
营业利润			
营业资产			
销售利润率			
投资周转率			
投资报酬率			

(续表)

摘要	预算	实际	差异
营业利润 营业资产×16% 剩余利润			

9. 设某企业部门一生产 A 产品,单位变动性制造成本 6 元,变动性销售成本 1 元。该产品可对外销售,也可供部门二使用,对外销售的单价 10 元。

   要求:分别就以下三种情况制定内部转移价格

   (1) 部门一的生产能力除用于生产外销产品外,还有剩余;

   (2) 部门一生产外销产品,生产能力已得到充分利用,如为部门二提供产品就要腾出部分生产能力以适应内部需要;

   (3) 部门一除生产 A 产品外还生产 B 产品,B 产品的单价 12 元,单位变动性制造成本 7 元,变动性销售成本 1 元。部门一生产 A、B 产品生产能力已得到充分,A、B 产品的单位机器小时相同,A、B 产品各占生产能力的 50%。

10. 某一多样化经营的公司以分部方式经营,分部 A 制造 X 产品,此产品可转移于分部 B 继续加工也可对外销售。以前生产水平旨在 X 产品每单位的变动成本为 1.5 元,固定成本为 0.3 元,单价 2.75 元。分部 B 将 X 产品加工为 Y 产品每单位的追加变动 1 元。管理当局正在制定公司的转移价格政策,讨论的计价基础为完全成本、变动成本、市场价格。

    要求分析:

    (1) 为避免将浪费或高效率转移,应采取何种计价基础?

    (2) 短期内何种转移价格将鼓励公司生产效率的最佳运用?但就长期而言,何以不真实?

    (3) 分部 B 如果以市场价格向分部 A 购买 X 产品,试指出分部 A 可能获得的好处。

    (4) 分部 A 以当时市价向分部 B 出售 X 产品,则对分部 B 而言有何不利?

11. 某企业内 E 投资中心是一制造厂,该中心每年需要向其他企业外购甲零件 100 万只,甲零件原价每只 60 元,因大量采购而享有 5% 的价格折扣。最近该公司收购了一家专门生产甲零件的企业,作为本企业的 F 投资中心,每年可生产甲零件 300 万只,除可满足 E 投资中心生产需要以外,还可向市场销售。F 投资中心生产甲零件的单位成本情况是:直接材料费 20 元,直接人工费 15 元,变动性制造费用 10 元,按 300 万只分摊的固定费用 5 元,合计为 50 元。企业在研究制定 E、F 投资中心有关甲零件的内部转移价格,已拟出 60 元、57 元、54 元、50 元和 45 元五种价格供选择。

    要求:逐一分析五种备选价格的可行性。

案例分析

海尔集团是世界白色家电第一品牌，在全球建立了29个制造基地，8个综合研发中心，19个海外贸易公司，全球员工总数超过6万人，已发展成为大规模的跨国企业集团。1997年，海尔集团销售收入首次突破100亿元；1999突破200亿元；2004年，海尔集团年销售收入首度超过1 000亿元。2009年，海尔品牌价值高达812亿元，累计申请专利9 738项，其中发明专利2 799项。仅2009年，海尔就申请专利943项，其中发明专利538项，平均每个工作日申请2项发明专利。海尔以人单合一的自主经营体为支点，通过"虚实网结合的零库存下的即需即供"商业模式，努力打造满足用户动态需求的体系。海尔的SBU管理革命始于1998年的企业内部的流程再造。SBU是英语Strategical Business Unit的缩写，意思是战略事业单元。即在企业内部模拟市场交易。

海尔全员推行SBU的目的，是为了克服大企业病，让海尔这个千亿规模的企业"大象"能像小企业一样充满活力，会"跳舞"。SBU具体的体现就是速度和创新，即把目标量化到每个人身上，每个人都去创新，都以速度去争取用户。SBU的原则："挣够市场费用、留足企业利润、盈亏都归自己"。

海尔集团的组织架构见图8-1：

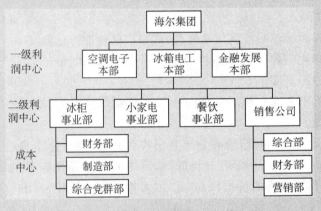

图8-1 海尔集团的组织架构

请参照责任会计的相关理论，分析海尔集团SBU组织架构的实施重点和难点。

练习题答案

一、单项选择题

1. C 2. A 3. D 4. B 5. B 6. C 7. C 8. B 9. D 10. A 11. C

12. A 13. A 14. C 15. A 16. A 17. B 18. D 19. B 20. D 21. B
22. B 23. B 24. D 25. A

二、多项选择题

1. AD 2. ABCD 3. ABCD 4. ABCD 5. ABCD 6. AB 7. ABCD
8. AC 9. ABCD 10. ACD 11. ABD 12. ABCD 13. ABD 14. ABD
15. ABCD 16. ABCD 17. ABCD 18. ABCD 19. ABC 20. ABCD 21. ABCD
22. ABCD 23. ABD 24. BCD 25. ABC

三、判断题

1. × 2. √ 3. √ 4. × 5. √ 6. × 7. × 8. √ 9. × 10. ×
11. × 12. √

四、简答题

1. 随着分权管理的实施,为了有效地对企业内部单位实施控制,有必要根据企业内部各单位所处的管理层次,赋予相应的管理权限,明确相应的责任。各分权单位既有自身利益,但又不允许各分权单位在所有方面像一个独立的组织那样进行经营。因为分权单位的行为不仅会影响到其自身的经营业绩,而且会影响到其他分权单位的经营业绩和企业整体的利益。因此,在实行分权管理的情况下,如何协调各分权单位之间的关系,使各分权单位与企业整体实现目标一致性,以及如何对各分权单位的经营业绩进行评价和考核,就显得尤为重要。责任会计制度正是为了适应这种要求而在企业内部建立各种责任中心,对责任中心进行控制和考核的一种内部管理控制制度。责任会计以企业内部各责任中心的生产经营活动为对象,以保证企业目标的顺利实施并不断提高总体效益为目的,以设计多样化、个性化的激励措施为手段,通过授权经营建立各类责任中心,实行目标管理,编制和实施责任预算,进行责任考评并将考评结果与责任人的报酬紧密结合起来。这种制度要求:根据赋予各级单位的权力、责任及对其业绩的评价方式,将企业划分为各种不同形式的责任中心,建立起以各责任中心为主体,以权、责、利相统一为特征,以责任预算、责任控制、责任考核为内容,通过信息的积累、加工和反馈而形成的责任会计制度。责任会计的目的是提供各种会计报告,以使各责任中心的责任人了解其相应的责、权、利,作为今后评价各责任中心业绩的主要依据。

2. 可控性原则是指各责任中心只能对其可以控制和管理的经济活动负责,对其权力不及、控制不了的经济活动不承担责任。责任会计制度要求以责任中心为主体来进行有关会计信息的收集、整理、计算、记录、编报及分析对比等,还要求各责任中心必须相对独立,避免出现职责不明,功过难分。因此,在建立责任会计制度时,应明确划分各责任中心的职责范围和控制区域。在编制责任预算和责任报告时也应包括责任者能够控制的因素,尽可能排除不能控制的因素。只有这样才能职责分明、奖惩合理,充分调动各责任中心的积极性。

3. 按照不同责任中心的责任对象的特点和责任范围的大小,一般可将其分为成本中心、利润中心和投资中心三种。

成本中心(Cost Center)是只对成本或费用负责的一种责任中心。成本中心是成本发生的单位,一般没有收入,或仅有无规律的少量收入,其责任人可以对成本的发生进行控制,但不能控制收入与投资,因此成本中心只需对成本负责,无须对收入、利润或投资负责。

利润中心(Profit Center)是指既对成本负责、又对收入和利润负责的责任中心。利润中心既能控制其成本,又能控制其收入,但不能控制投资活动。它主要指企业内部同时具有生产和销售职能,有独立的、经常性的收入来源的较高层次的组织机构,如分公司、分厂等。

投资中心(Investment Center)是指既要对成本和利润负责,又要对投资负责的责任中心。投资中心是企业最高层次的责任中心,不仅在产品的生产和销售上享有较大的自主权,而且具有一定的投资决策权,能够相对独立地运用其所掌握的资金,因而它既要对成本和利润负责,又要对资金的合理运用负责。

4. (1)激励原则。建立责任会计制度的目的是要激励企业的各个部门和员工,使其更加努力地工作,以实现企业的经营目标。

(2)目标一致原则。制定内部转移价格必须强调企业整体利益的一致性。

(3)自主原则。各责任中心自主决定价格更有助于企业整体业绩的提高,并有助于减少责任中心之间的冲突。

(4)灵活性和稳定性相结合原则。制定内部转移价格应根据不同责任中心的不同特点采取各种不同的具体形式。

5. 成本中心所发生的各项成本,对成本中心来说,有些是可以控制的,即可控成本,有些是无法控制的,即不可控成本。一般认为,可控成本应同时具备三个条件:(1)成本中心能够通过一定的方式预知将要发生什么性质的成本;(2)成本中心能够对其进行计量;(3)成本中心能够控制和调节成本发生的数额。凡是不能同时符合上述三个条件的,即为不可控成本。显然,成本中心只能对其可控成本负责。属于某成本中心的各种可控成本之和,即构成该成本中心的责任成本。换句话说,任何成本中心的责任成本必须是该中心的可控成本。

责任成本是对成本中心进行考核的主要内容,与传统产品成本的概念有着本质的区别。两者的主要区别在于:(1)成本计算的对象不同。责任成本以责任中心作为计算对象,而产品成本则是按产品进行计算。(2)成本计算的原则不同。责任成本的计算原则是"谁负责,谁承担",而产品成本以"谁受益、谁承担"为计算原则,产品成本包括了从事产品生产的各个责任中心为生产该种产品而发生的成本,其中既包括各责任中心的可控成本,也包括各责任中心的不可控成本。就责任成本和产品成本的联系来说,两者在性质上是相同的,均为企业在生产经营过程中的资源耗费。就某一时期来说,整个企业的产品总成本与整个企业的责任成本总和是相等的。

6. (1)外部因素。外部因素主要指经济因素和政治因素。经济因素包括东道国政府的税收法规、外汇与金融管制、通货膨胀、子公司所在行业的竞争状况等。政治因素表现为东道国政府的政治稳定性、政策连续性、法律法规的完善程度等。

(2)内部因素。从公司内部来看,国际转移价格首先应满足公司整体战略和经营目标的要求。按照波特的战略思想,企业经营应充分考虑企业所处的经营环境。从跨国经营的角度来看,在跨国经营的不同阶段,企业所面临的经营环境不同,由此制定的战略重点也不同。

7.（1）以成本为依据的内部转移价格。以产品成本作为内部转移价格是制订转移价格最简便的合法。这种方法的优点是简单明了、方便易行，但也有明显的缺陷：①只有产品的最终对外销售部门能够反映出损益情况，其他将产品（半成品）转移给内部单位的部门虽然付出了劳动但表现不出任何收益。②售出单位的产品成本全数转移给买入单位，也将其工作的成绩与缺陷全都不折不扣地转嫁给买入单位，也就是说，买入单位要承担不受其控制而由其他责任中心造成的工作效率上的责任。因此，这种内部转移价格不利于各责任中心之间划清经济责任，无法激励各单位努力降低成本。以成本为依据的内部转移价格是一种较简单和不完善的方法，主要适用于成本中心之间相互提供产品和劳务的情况。

（2）以市场价格为依据的内部转移价格。以市场价格为依据的内部转移价格，必须基于这样一些条件：企业内部各责任中心部处于独立自主的状态，可自由决定从外界或内部进行采购或销售；同时产品或劳务有竞争市场，有客观的市场价格可供利用。一般认为，市场价格是制定内部转移价格的最好依据。它具有显著的优点，即能够在企业内部创造一种竞争的环境，较好地体现公平原则。买卖双方都能按市价买卖它们的产品，内部交易跟对外交易一样，有利于激励和促进卖方改善经营管理、努力降低成本。在采用市场价格作为内部转移价格时，也会遇到一些困难。责任中心之间提供的中间产品如果属于企业专门生产或具有特定的规格，则可能会没有市场价格可供采用，或者有的产品即使有市价，但市价波动较大或不具代表性，而使得按市场价格计价带有局限性。对于产品的售出单位来说，采用市价作为内部转移价格极为有利。因为内部交易可节省很多销售费用，这些节约费用便直接成为其工作成果，而买入单位却得不到任何的好处而导致不满。这一内部转移价格主要适用于能够对外销售产品以及从市场上购买产品的自然利润中心的或投资中心之间相互提供产品的结算。

（3）经过协商的市场价格。协商定价是指买卖双方在正常的市场价格的基础上，经过协商确定一个双方都愿意接受的转移价格作为计价结算的依据。它考虑到了买卖双方的利益，克服了直接以市价作为内部转移价格所存在的缺陷。协商定价的不足之处在于协商价格的过程中，难免要花费不少的人力、物力和时间，甚至经过多次协商也无法得到结果，造成时间和精力的浪费。在双方相持不下时，往往由于企业高层领导介入而改变了分权管理的初衷，其效果难免不打折扣。

这种方法适用于产品有非竞争性的市场，生产单位有闲置生产能力及变动成本低于市场价格，责任中心有权自主决策的情况下采用。

（4）双重内部转移价格。双重内部转移价格指买卖双方分别采用不同的计价基础，由于内部转移价格主要是为了对企业内部各责任中心的业绩进行考核和评价，故买卖双方所采用的结算价格并不需要完全一致，可根据具体情况分别选用对双方最有利的价格作为计价基础。这一方法兼顾了买卖双方的责任和利益，区别对待，可较好地适应不同方面的需要，同时也可激励双方在生产经营活动中充分发挥主动性和积极性。

双重内部转移价格通常是在任何单一内部转移价格无法实现激励目的，中间产品有外界市场，卖方单位有剩余生产能力，而且其单位变动成本低于市价的情况下采用。

五、计算题

1.（1）在这种情况下，以市场价格作为内部转移价格，则无论 B 从 A 购买还是从外部购买甲部件，A、B 分部和总公司的营业收益均无影响。该公司简易损益表如表 8-4 所示：

表 8-4　简易损益表　　　　　　　　　　　　　　　　　　　单位：元

项目	A 分部	B 分部	合计
销售收入			
甲部件(30 000×10)	300 000		300 000
乙部件(10 000×20)		200 000	200 000
收入合计	300 000	200 000	500 000
成本			
变动成本			
甲(30 000×6)	180 000		180 000
乙 10 000×(10+5)		150 000	150 000
固定成本	90 000	40 000	130 000
成本合计	270 000	190 000	460 000
营业利润	30 000	10 000	40 000

（2）在这种情况下，A 分部有 10 000 件的剩余生产能力，这时如果仍然采用市场价格作为内部转移价格，就不会使公司利润最大化。

因为对于 B 来说，不论是从 A 分部购入还是从市场购入都是一样的，如果 B 从市场购入，就会使 A 分部的剩余生产能力闲置，从而使公司的利润减少 40 000 元。

$$10\,000×(10-6)=40\,000(元)$$

（3）在这种情况下，应采用协商价格作为内部转移价格，如果协商结构高于 A 分部的变动成本，而低于市场价格，那么协商价格对供求双方都有利，整个公司的收益也会增加（表 8-5）。

表 8-5　协商价格后的简易损益表　　　　　　　　　　　　　单位：元

项目	A 分部	B 分部	合计
销售收入			
甲部件外销(30 000×10)	300 000		300 000
乙部件内销(10 000×8)		80 000	80 000
乙部件(10 000×20)		200 000	200 000

(续表)

项目	A分部	B分部	合计
收入合计	300 000	80 000	580 000
成本			
变动成本			
甲(40 000×6)	240 000		240 000
乙[10 000×(8+5)]		130 000	130 000
固定成本	90 000	40 000	130 000
成本合计	330 000	170 000	500 000

2. (1) 假定按完全成本结转，B部门不愿意购买。

因为贡献毛益＝10 000×17－10 000×(10+8)＝－10 000(元)

(2) 假定B部门决定购买，从企业整体看是有利的。

因为企业整体利润增加＝10 000×17－10 000×(6+8)＝30 000(元)

3. (1) 放弃该项资产后的报酬率＝(68 000－3 000)/(425 000－20 000)＝16.2% 大于放弃之前，从A部门来说应该放弃，但是公司整体报酬率14%低于16%则不应该放弃。

(2) 放弃前的剩余收益＝68 000－425 000×0.14＝8 500(元)

放弃后的剩余收益＝65 000－(425 000－20 000)×0.14＝8 300(元)

(3) 所以从公司整体角度来看不应放弃。

4.

表8-6 收入利润表　　　　　　　　　　　　单位:元

部门	甲	乙	丙	丁
销售收入	500 000	300 000	450 000	250 000
营业利润	20 000	24 000	22 500	10 000
营业资产	200 000	100 000	90 000	62 500
销售利润率	4%	8%	5%	4%
投资周转率	2.5次	3次	5次	4次
投资报酬率	10%	24%	25%	16%

5. (1) 计算该投资中心的投资报酬率和剩余收益

投资报酬率：1 300 000/8 000 000＝16.25%

剩余收益：1 300 000－8 000 000×13%＝260 000(元)

(2) 假定现追加投资3 000 000元，可为企业450 000元，计算此时该投资中心的投资报酬率和剩余收益。

投资报酬率：(1 300 000＋450 000)/(8 000 000＋3 000 000)＝15.91%

剩余收益：(1 300 000＋450 000)－(8 000 000＋3 000 000)×13%＝320 000(元)

6.（1）分别从 B 公司利益和 A 集团公司利益出发，运用投资利润率指标分析评价是否应该出售这一营业网点；

营业网点投资利润率＝34 000/200 000＝17%

营业网点投资利润率高于 A 集团公司的资本成本为 16%对 A 集团公司有利，但低于 B 公司投资利润率 18.75%，B 公司愿意出售这一营业网点。

（2）分别从 B 公司利益和 A 集团公司利益出发，运用剩余利润指标分析评价是否应该出售这一营业网点。

营业网点剩余利润＝34 000－200 000×16%＝－2 000(元)

营业网点剩余利润大于零，B 公司和 A 集团公司都不愿意出售这一营业网点．

7.（1）假定甲投资中心接受投资项目，分别用投资报酬率和剩余收益指标考核甲投资中心；

投资报酬率＝(36 000＋16 000)/(200 000＋100 000)＝17.33%

剩余收益＝(36 000＋16 000)－(200 000＋100 000)×14%＝10 000(元)

（2）分别从整个企业和甲投资中心角度，说明是否应当接受这一投资项目。从整个企业角度，应该接受，因为其投资报酬率为 16%高于 14%。甲投资中心角度，如果用投资报酬率考核其业绩，甲投资中心不接受；如果用剩余收益考核其业绩甲投资中心接受。

8.

表 8-7　季度成果报告

摘要	预算	实际	差异
销售收入	100 000	150 000	50 000
销售成本	92 000	139 000	47 000
营业利润	8 000	11 000	3 000
营业资产	40 000	50 000	10 000
销售利润率	8%	7.33%	－0.67
投资周转率	2.5	3	0.5
投资报酬率	20%	22%	2%
营业利润	8 000	11 000	3 000
营业资产×16%	1 280	1 760	480
剩余利润	6 720	9 240	2 520

9.（1）部门一的生产能力除用于生产外销产品外,还有剩余;内部转移价格可定为 6 元。

（2）部门一生产外销产品,生产能力已得到充分利用,如为部门二提供产品就要腾出部分生产能力以适应内部需要;内部转移价格可定为 9 元。

（3）部门一除生产 A 产品外还生产 B 产品,B 产品的单价 12 元,单位变动性制造成本 7 元,变动性销售成本 1 元。部门一生产 A、B 产品生产能力已得到充分,A、B 产品的单位机器小时相同,A、B 产品各占生产能力的 50%。如部门二的需要量未超过部门一生产能力 50%,内部转移价格可定为 10 元;否则 9 元。

10.（1）为了避免将浪费或高效率转移,应以标准成本或预计分配率作为转移价格的计价基础。为的是区分责任,而不至把供应单位的浪费或节约转嫁给耗用单位去承担,有利于激励双方降低成本的积极性。

（2）从短期看,转移价格以供应单位的单位变动成本计价将激励公司生产效率的运用。本例中为每件 1.50 元。因为如果市场价格低于 1.50 元时,耗用单位可直接向市场进货。供应单位必须努力降低成本,否则部分生产能力可能因此而闲置。但就长期而言,供应单位的固定成本补偿问题也应考虑,否则就不利于激励它在生产经营过程中充分发挥主动性、积极性。

（3）以 2.75 元的市场价格转移 X 产品,对分部 A 来说由于内部转移价格的销售和管理费用低于外界,从而体现为节约;同时,由于内部转移价格一般数量较大,习惯上有个商业折扣的问题,而且增加产量也有助于降低成本,又会体现为节约。

（4）以 2.75 的市场价格转移 X 产品,对分部 B 来说由于内部转移的节约都体现为分部 A 工作成果,因此会引起分部 B 的不满,从而不利于激励分部 B 在生产经营中充分发挥主动性、积极性。

11.（1）60 元＝45＋15;适用于 F 投资中心小批量销售且生产能力无剩余。

（2）57 元:适用于大批量销售能力无剩余,折扣率 5%。

（3）54 元:适用于大批量销售能力无剩余,折扣率 10%。

（4）50 元＝变动成本＋固定成本,适用于长期经营决策。

（5）45 元＝变动成本,适用于生产能力有剩余。

案例分析答案

（1）根据企业目标划分责任中心、授予相应的权利。责任会计内部管理思想划分责任中心并授予相应的权利,而在海尔实行 SBU 战略中是将其划分为一个独立的 SBU 并组建成一个项目组,人单合一,因此,要突破螺丝钉的传统理念,达到从管理人到经营人的转变。

（2）编制责任预算,确定责任目标。按照海尔推行的 SBU 理念,"价格一开始就定死,如果你经营降低了费用,或者降低了价格,就是你的经营利润,与收入挂钩"。海尔与责任会计两者要根据每个责任中心实际,编制具体的责任预算,同时作为评价的标准。

(3) 正确评价和考核实际业绩。通过各责任中心业务报告中的实际数与预算数的对比和差异分析,评价和考核各责任单位的工作业绩和经营效果,然后根据制定的一套严密周详的奖惩制度,按各责任中心完成业绩的优劣,进行奖优罚劣,奖勤罚懒,力求做到公正合理、奖罚有据,以保证经济责任制的贯彻执行。

(4) 合理制定内部转移价格。为了正确评价各个责任中心的工作业绩,对于责任中心之间相互提供产品或劳务的活动,必须在企业管理中审慎地、合理地制订出适合本企业特点的"内部转移价格",以便进行计价和结算。内部转移价格的制订,既要有利于调动各有关责任中心生产经营的主动性和积极性,又要有利于保证各责任单位和整个企业之间的经营目标一致性地实现。

第九章 作业成本法

重点与难点

一、作业成本法概述

（一）作业成本法的含义

作业成本法，又叫作业成本计算法或作业量基准成本计算方法（Activity-Based Costing，ABC）法，是以作业（Activity）为核心，确认和计量耗用企业资源的所有作业，将耗用的资源成本准确地计入作业，然后选择成本动因，将所有作业成本分配给成本计算对象（产品或服务）的一种成本计算方法。

作业的基本特征有：(1)作业是一种资源投入和另一种效果产出的过程；(2)作业活动贯穿于生产经营过程的全部，产品从设计到最终销售出去是由各种作业的行使而完成的，没有作业的实施，经营活动就无法实现。(3)作业是可以量化的，即作业可以采用一定的计量标准进行计量，这是作业最重要的特性。

（二）作业分类

单位水平作业：反映对每单位产品产量或服务所进行的工作，即单位产品受益的作业。单位水平作业所耗用的资源量是同产品产量或服务量成比例的，或者说是同直接人工小时、机器小时成比例的。

批量水平作业：是由生产批别次数直接引起，与生产数量无关，即一批产品受益的作业。批量水平作业和单位水平作业的主要区别在于完成批量水平作业所需要的资源不依赖于每批次所包含的单位数。

产品水平作业：是每一类产品的生产和销售所需要的工作，即某种产品的每个单位都受益的作业。这种作业的成本与产品产量及批数无关，但与产品种类或产品线的数量成比例变动。

能力水平作业：是使企业生产经营正常运转的工作，即某个机构或某个部门受益的作业。这些作业与产品的种类、生产的批次、每种产品的生产数量无关。

（三）作业成本及成本动因

作业成本是指各项作业所消耗的资源。这里的资源，是指企业花代价而获得的能为其带来收入的一切事物，如资金、原材料及人力资源等。

成本动因是指引起成本发生的驱动因素,又称为成本驱动因素,如采购订单便是采购作业的成本动因。成本动因具有隐蔽性,不易识别,需要对成本行为进行仔细分析才能得到。成本动因有两种形式:①资源动因,是指决定一项作业所耗费资源的因素,反映作业量与资源耗费之间的因果关系,如购货作业的资源动因是从事这一活动的职工人数。②作业动因,是将作业中心的成本分配到产品或劳务、顾客等成本目标中的标准,它也是将资源消耗与最终产出相沟通的中介。成本库是指作业所发生的成本的归集。在传统的成本会计中以部门进行各类制造费用的归集,而在作业成本法中,将每一个作业中心所发生的成本或消耗的资源归集起来作为一个成本库。

二、作业成本计算法的基本原理

(一)作业成本法的基本原理

作业成本法对成本的计算与传统成本法不同的是,分配基础(成本动因)不仅发生了量变,而且发生了质变,它不再仅限于传统成本法所采用的单一数量分配基准,而是采用多元分配基准,且集财务变量与非财务变量于一体。作业成本法的计算程序。主要包括:

(1)确认和计量各类资源的耗费。
(2)确认作业和作业中心并建立作业成本库。
(3)确定作业成本动因并确定各成本动因的分配率。
(4)分配作业成本并计算汇总各成本目标。

(二)作业成本法的计算步骤

作业成本法的指导思想是:"成本对象消耗作业,作业消耗资源"。
根据作业成本计算的基本思想,ABC法的计算过程可归纳为以下几个步骤:

(1)直接成本费用的归集。
(2)作业的鉴定。
(3)成本库费用的归集。
(4)成本动因的确定。
(5)成本动因费率计算。成本动因费率是指单位成本动因所引起的制造费用的数量。成本动因费率的计算用下式表示:

$$成本动因费率 = 成本库费用 / 成本库成本动因总量,即 R = C/D$$

式中:R——成本库的成本动因费率;
C——成本库的费用;
D——成本库的成本动因总量。

(6)成本库费用的分配。
(7)产品成本的计算。

生产产品的总成本即生产产品所发生的直接成本与制造费用之和:

$$总成本 = 直接材料 + 直接人工 + 制造费用$$

(三) 作业成本法与传统成本法对比的优势

(1) 作业成本法下所有的成本都是变动的。

(2) 虽然传统成本法与作业成本法在程序上都有两个基本步骤,即都需要先进行成本归集,然后将归集的成本按成本比率分配给各产品,然而,这两种方法下的两个步骤是有差异的。

(3) 作业成本法给企业提供了许多增加价值的机会。

(4) 作业成本法对间接费用的处理更合理。

(5) 作业成本法能够适应日益出现的大规模,产品种类繁多的企业。

(6) 作业成本法更适合管理者的决策

(四) 作业成本法在成本管理中的缺陷

(1) 实施作业成本法,可能会给企业带来较长期的经济效益,短期内实施效果不明显,并且实施成本较高。

(2) 与传统成本法一样,作业成本法在确定作业中心和成本动因时,需要人为地判断,具有主观性。

(3) 由于作业成本法的基础成本资料仍然来自传统的权责发生制成本计算,因而权责发生制方法下固有的随意性和可选择性,如折旧方法的选择,所带来会计处理的不同结果,必然会影响到作业成本法。

(4) 部门权力下降,导致部门的主观能动性受到限制。

(5) 作业成本法仅以作业成本作为评价标准,可能导致较大误差。

三、作业管理

(一) 作业成本管理定义

作业成本法不仅仅是一种成本计算方法,更是一种成本控制和企业管理手段。在其基础上进行的企业成本控制和管理,称为作业成本管理(Activity-Based Management)。

(二) 作业成本管理体系的组成元素

1. 资源

资源作为一个概念外延非常广泛,涵盖了企业所有价值载体,包括物料、能源、设备、资金和人工等。但在作业成本管理中的资源,实质上是指为了产出作业或产品而进行的费用支出。

2. 作业

作业是指在一个组织内为了某一目的而进行的耗费资源的工作。作业是作业成本管理的核心要素。根据企业业务的层次和范围,可将作业分为以下四类:单位作业、批量作业、产品作业和支持作业。

3. 成本对象

成本对象是企业需要计量成本的对象,成本对象可以分为市场类成本对象和生产类成本对象。

4. 成本动因

成本动因，指的是解释发生成本的作业的特性的计量指标，反映作业所耗用的成本或其他作业所耗用的作业量。成本动因可分为三类：交易性成本动因、延续性成本动因和精确性成本动因。

（三）企业实施作业成本管理的必要性

(1) 市场竞争的需要。

(2) 经营的需要。

(3) 企业发展战略的需要。

(4) 国家主管机构的宏观管理的需要。

（四）作业成本管理的基本方法——价值链分析

价值链分析是一种策略性的分析工具，主要分析从原材料供应商到最终消费者相关作业活动的整合，寻求以整合或一体化方式增加顾客的价值或降低成本的途径；或者确定是否兼并上游或下游企业，寻求利用上、下游价值链以降低成本的途径。价值链管理将企业的人、财、物等资源按照业务流程有机地整合，使企业的供、产、销系统形成一条"价值链"，其功效在于：

(1) 找出无效和低效的作业，为持续降低商品成本，提高企业竞争能力提供途径。

(2) 协调、组织企业内部的各种作业，使各种作业之间环环相扣，形成较为理想的"作业链"，以保证每项必要作业都以最高效率完成，保证企业的竞争优势。

(3) 与同行的价值链进行对比分析，发现自己的优势与劣势，进而为扬长避短、改善成本构成和提高作业的质量及效率指明方向。

价值链分析可采取的步骤包括：

(1) 把整个价值链分解为与战略相关的作业、成本、收入和资产，并把它们分配到"有价值的作业"中。

(2) 确定引起价值变动的各项作业，并根据这些作业，分析形成作业成本及其差异的原因。

(3) 分析整个价值链中各节点企业之间的关系，确定核心企业与顾客和供应商之间作业的相关性。

(4) 利用分析结果，重新组合或改进价值链，以更好地控制成本动因，产生可持续的竞争优势，使价值链中各节点企业在激烈的市场竞争中获得优势。

（五）作业成本管理实施模型

我国企业具体实施时，一般应遵循下列程序进行操作。

(1) 分析累积顾客价值的最终商品的各项作业，建立作业中心。

(2) 归类汇总企业相对有限的各种资源，并将资源合理分配给各项作业。

(3) 对生产经营的最终商品或劳务分类汇总，明确成本对象。

(4) 发掘成本动因，加强成本控制。

(5) 建立健全业绩评价体系，加强成本管理的绩效考评。

（六）作业成本法在管理中的实施和运用

1. 作业分析对产品定价策略的影响
2. 作业分析对企业价值链的分析、理顺与优化
（1）重新设计产品。
（2）整合优化作业项，降低成本。
（3）通过作业链分析，理顺企业的生产作业顺序。
① 可根据销售量确定生产量，根据生产进度状况确定库存；
② 逆推某种产品的生产时间进度，由交货期确定交库期；
③ 根据交库期确定各部件交付组装的时间，再结合工序的生产方式以确定其投料及在各车间的生产时间；
④ 各种产品生产时间确定后，进行优化处理，找出关键路径，并在实际生产中对关键路径上的工序作业严格控制，以保证客户需求。
3. 作业分析对作业环节的选择判断与整合优化
（1）通过作业分析，判断哪些作业是增值的，哪些作业是不增值的。
（2）分析重要性作业。根据重要性原则，对那些相对于顾客价值和企业价值而言比较重要的作业进行分析。
（3）将企业的作业同其他企业类似的作业进行对比。增值的作业并不意味着有效和最佳，通过与其他企业先进水平的作业进行比较，可以判断某项作业或企业整个价值链是否有效，寻求改进的机会。
（4）进行技术投资。
4. 作业的深层次分析对降低耗用、提高效率的影响
（1）通过提高其零部件设计的通用性，可降低相关作业的成本。
（2）细化其作业中心的划分，提升管理效率。
（3）削减产品。

（七）作业成本管理在成本管理中的意义
（1）适应新经济技术环境的客观要求
（2）有利于加强成本控制
（3）有利于提高商品的市场竞争能力

关键概念

1. 作业
2. 单位水平作业
3. 批量水平作业
4. 产品水平作业
5. 能力水平作业
6. 作业成本法

7. 成本动因
8. 成本库
9. 作业成本管理
10. 价值链

练 习 题

一、单项选择题

1. 作业成本法的主要特点不包括（　　）。
   A. 作业计算分为两个阶段
   B. 成本分配强调因果关系
   C. 成本分配使用众多不同层面的成本动因
   D. 成本分配使用相同的成本动因

2. 下列有关作业成本法基本理论的观点不正确的有（　　）。
   A. 企业的全部经营活动是由一系列相互关联的作业组成的
   B. 企业每进行一项作业都要耗用一定的资源
   C. 企业生产产品所耗费的全部成本都应该先分配到有关作业，计算作业成本，然后，再将作业成本分配到有关产品
   D. 产品的成本实际上就是企业全部作业消耗资源的总和

3. 作业成本法下的成本计算过程可以概括为（　　）。
   A. 资源→作业   B. 资源→产品
   C. 资源→产品→作业   D. 资源→作业→产品

4. 下列各项中，随单位产品数量变动而呈正比例变动的作业称为（　　）。
   A. 单位水平作业   B. 能力水平作业
   C. 批量水平作业   D. 产品水平作业

5. 下列各项中，哪项为作业成本法的缺陷（　　）。
   A. 给企业带来的长期利益不明显   B. 成本动因的判断具有主观性
   C. 实施作业成本法的效果较差   D. 一定会导致较大的成本误差

6. 成本动因的选择标准不包括以下哪项（　　）。
   A. 定量并且同质   B. 易于收集
   C. 与资源消耗有高度相关性   D. 将作业与产品间接联系在一起

7. 按照作业成本法的观点，产品消耗的是（　　）。
   A. 资源   B. 费用   C. 作业   D. 成本

8. 作业成本法最终核算的内容是（　　）。
   A. 资源成本 B. 作业成本 C. 产品成本 D. 人力成本

9. 下列属于机器挑战作业动因的是（　　）。
   A. 产品设计 B. 设计时数 C. 检验次数 D. 生产批次

10. 下列属于作业成本法间接费用归集对象的是（　　）。
    A. 作业　　　　　　　　　　　　B. 成本库
    C. 产品成本　　　　　　　　　　D. 制造费用
11. 下列各项中,最适合作为单位作业层次的成本动因是（　　）。
    A. 产品生产量　　　　　　　　　B. 采购次数
    C. 直接人工工时　　　　　　　　D. 机器小时
12. 作业成本计算的核心内容是（　　）。
    A. 作业　　　B. 费用　　　C. 成本　　　D. 产品
13. 关于作业成本法基本理论的观点不正确的是（　　）。
    A. 企业的全部经营活动是由一系列相互管理的作业组成的
    B. 企业每进行一项作业都要耗用一定的资源
    C. 作业成本法下间接成本的分配分两步进行,分配路径是"资源—作业—产品"
    D. 传统成本计算方法下间接成本分配是一步进行的,分配路径是"资源—产品"
14. 下列有关作业成本动因表达正确的是（　　）。
    A. 作业成本动因是引起作业成本增加的驱动因素
    B. 作业成本动因通常被用来计量各项作业对资源的耗用
    C. 依据作业成本动因可以将资源成本分配给各有关作业
    D. 作业成本动因被用来计量各成本对象耗用作业的情况
15. 作业成本管理需要区分增值和非增值作业,下列表述正确的是（　　）。
    A. 最终增加企业价值的作业是增值作业,否则就是非增值作业
    B. 最终增加顾客价值的作业是增值作业,否则就是非增值作业
    C. 最终增加股东财富的作业是增值作业,否则就是非增值作业
    D. 最终增加企业利润的作业是增值作业,否则就是非增值作业

二、多项选择题

1. 判断某项作业是否是增值作业,衡量的标准有（　　）。
    A. 该作业能使产品增值
    B. 该作业能够带来加工对象状态的改变
    C. 加工对象状态的改变,只能由该作业实现,而不能由价值链中的前一项作业实现
    D. 该作业使价值链中的其他作业得以执行
2. 从作业成本管理的角度看,降低成本的途径主要有（　　）。
    A. 提高增值作业的效率　　　　　B. 消除不增值作业
    C. 改善作业　　　　　　　　　　D. 作业共享
3. 与传统的成本管理相比,作业成本管理的特点在于（　　）。
    A. 成本管理的对象不是产品而是作业
    B. 成本管理的对象既是产品又是作业
    C. 成本管理关注的重点是作业

D. 以作业及相关作业形成的价值链来划分职责
4. 对于一家印刷厂商而言,下列属于批次作业成本动因的有（　　）。
   A. 年购置次数　　　　　　　　B. 年印刷次数
   C. 年装订次数　　　　　　　　D. 年消耗油墨桶数
5. 作业成本法适用于具有以下哪项特征的企业（　　）。
   A. 企业生产产品品种数量较多
   B. 企业作业环节较多且容易辨认
   C. 间接费用比重较大
   D. 企业生产成本难以确认成本动因
6. 作业常用的分类主要有（　　）。
   A. 单位水平作业　　　　　　　B. 批量水平作业
   C. 产品水平作业　　　　　　　D. 生产水平作业
7. 下列各项中,反映作业成本法与传统成本法的区别的有（　　）。
   A. 成本计算的理论依据不同　　B. 成本计算对象不同
   C. 间接费用的分配标准不同　　D. 产品成本的计算结果不同
8. 下列各项中可以归属于作业动因的有（　　）。
   A. 人工工时　　　　　　　　　B. 机器小时
   C. 移动次数　　　　　　　　　D. 检验次数
9. 下列可归属于作业中心资源耗费的有（　　）。
   A. 直接材料　　　　　　　　　B. 机器耗费
   C. 直接人工　　　　　　　　　D. 检验成本
10. 下列叙述正确的有（　　）。
    A. 实施作业成本法可能会给企业带来长期经济效益
    B. 作业成本法下部门的主观性受到限制
    C. 会计处理的选择必然会影响到作业成本法
    D. 作业成本法下所有的成本都是变动的
11. 关于作业成本法的叙述错误的是（　　）。
    A. 作业成本法对间接费用的处理不合理
    B. 作业成本法能够使企业的价值增加
    C. 作业成本法在判断成本动因时具有客观性
    D. 作业成本法更加适用于产品种类多的企业
12. 下列各项中,属于作业成本法实施程序中的环节的有（　　）。
    A. 计算作业成本分配率　　　　B. 区分直接成本和间接成本
    C. 计量各个作业中心的作业成本　　D. 计算产品成本
13. 下列关于作业成本法与传统的成本计算方法(以产量为基础的完全成本计算方法)比较的说法中,正确的有（　　）。
    A. 传统的成本计算方法对全部生产成本进行分配,作业成本法只对变动成本进行分配

B. 传统的成本计算方法按部门归集间接费用,作业成本法按作业归集间接费用
C. 作业成本法的直接成本计算范围要比传统的成本技术按方法的计算范围小
D. 与传统的成本计算相比,作业成本法不便于实施责任会计和业绩评价
14. 相对于作业成本法,传统成本法的缺点有( )。
   A. 将固定成本分摊给不同产品
   B. 全部将产量基础分配制造费用,会产生误导决策的成本信息
   C. 增加生产量可以使部分固定成本被存货吸收,减少当期销货成本,增加当期利润,从而刺激经理人员过度生产
   D. 夸大高产量产品成本
15. 下列关于作业成本法的说法中,正确的有( )。
   A. 作业成本法强调使用不同层面和数量众多的资源成本动因将作业成本追溯到产品
   B. 作业成本法是将间接成本和辅助费用更准确地分配到产品和服务的一种成本计算方法
   C. 作业成本法的基本思想是"产品消耗作业,作业消耗资源"
   D. 作业成本法强调使用追溯和动因分配方式来分配成本

三、判断题

1. 在作业成本法下,间接成本必须以直接追溯或动因追溯的方式计入产品成本。 ( )
2. 作业成本法是一个两阶段分配过程,分别是:资源向作业分配和作业向成本对象分配。 ( )
3. 资源动因是将作业成本库成本分配到产品或劳务中去的标准,也是将作业耗费与最终产出相沟通的中介。 ( )
4. 作业成本法只能适用于制造企业。 ( )
5. 传统成本法计算采用的是单一数量分配基准,作业成本法计算采用的是多元分配基准。 ( )
6. 成本动因是指引起成本发生的驱动因素,有两种形式:资源动因和成本动因。 ( )
7. 作业成本计算要求作业成本库越多越好。 ( )
8. 作业成本法可以完全消除主观因素,做到客观公正。 ( )
9. 作业成本计算法是按照资源—作业—产品的逻辑分配。 ( )
10. 作业成本法在实际运用中可以影响产品定价。 ( )

四、简答题

1. 与传统成本法相比,作业成本法有什么优点?
2. 作业成本法有什么缺陷?
3. 什么是作业成本法中的作业?如何对作业进行分类?

4. 在作业成本法中确定成本动因需要考虑哪些因素？
5. 作业成本计算与传统成本计算相比，在制造费用的核算上有何不同？
6. 简述作业、作业成本、作业成本法的关系。
7. 什么是成本动因？成本动因分为几类？
8. 如何实施作业成本法？

五、计算题

1. 某生产商生产 A、B 两种产品，有关费用如表 9-1 所示：

表 9-1　生产费用表

作业中心	资源耗用（元）	动因	动因量 A	动因量 B	合计
材料处理	20 000	移动次数	300	200	500
材料采购	36 000	订单件数	400	200	600
机器能量	28 000	机器小时	400	300	700
产品检验	24 000	检验次数	300	300	600
产品运输	18 000	移动次数	400	200	600

其中：A 产品 900 件，B 产品 600 件。

要求：按作业成本法计算 A、B 两种产品的成本，并填入表 9-2。

表 9-2　成本表

作业中心	资源耗用（元）	动因	作业成本分配率	A	B
材料处理	20 000	500			
材料采购	36 000	600			
机器能量	28 000	700			
产品检验	24 000	600			
产品运输	18 000	600			
合计总成本					
单位成本					

2. 某企业间接费用有关资料如表 9-3 所示：

表 9-3　间接费用表

作业	成本（元）	成本动因	动因量	
			甲产品	乙产品
生产准备	14 000	准备次数	40	30

(续表)

作业	成本(元)	成本动因	动因量 甲产品	动因量 乙产品
材料管理	4 000	零件数量	25	15
包装与运输	9 000	运输数量	500	400
间接费用合计	27 000			

要求：按作业成本法计算间接费用。

3. 某制造厂商同时生产 A、B、C 三种产品，其中，A 产品生产 9 000 件，每批生产 900 件，需要生产 10 批；B 产品生产 6 000 件，每批生产 500 件，需要生产 12 批；C 产品生产 8 000 件，每批生产 80 件，需要生产 100 批。有关生产成本资料如表 9-4 所示：

表 9-4　生产成本表　　　　　　　　　　　　　　　　　　　单位：元

成本项目	A 产品	B 产品	C 产品	合计
直接材料	540 000	900 000	500 000	1 940 000
直接人工	360 000	900 000	300 000	1 560 000
制造费用	1 800 000	1 200 000	800 000	3 800 000
合计	2 700 000	3 600 000	1 600 000	7 900 000

根据作业成本计算法，依据不同的成本库，归集制造费用如表 9-5 所示：

表 9-5　制造费用表　　　　　　　　　　　　　　　　　　　单位：元

制造费用项目	金额
间接人工	
整备工作	24 400
材料处理人员工资	59 500
检验人员工资	60 000
采购人员工资	26 500
产品分类人员工资	10 000
工厂管理人员工资	70 000
小计	250 400
其他制造费用	
照明和热动力费用	68 000
房屋占用费	57 000

(续表)

制造费用项目	金额
材料处理设备折旧费	10 500
机器能量	62 000
供应商(检验)	9 000
供应商(采购)	3 500
供应商(产品分类)	2 000
供应商(全面管理)	9 000
小计	221 000
合计	471 400

进一步假设有关的成本动因资料如下：
(1) A、B、C产品的单位机器小时比例分别为1：1：2。
(2) 每批次需要以此标准的整备工作。
(3) 每批标准检验单位为：A产品每批30件，B产品每批5件，C产品每批1件。
(4) A、B、C产品每批次移动次数分别为：30、25、8。
(5) A、B、C产品每件购货订单数分别为：500、300、200。
(6) A、B、C产品每件产品分类次数分别为：60、40、20。

要求：根据上述资料，按照单位作业成本、批量成本、产品作业和能量作业四个作业层次制造费用填列表9-6到表9-14：

表9-6　A、B、C产品材料与人工单位成本表

成本项目	A产品	B产品	C产品
直接材料			
直接人工			
合计			

表9-7　机器能量成本分配表

产品名称	数量(件)	使用比例	合计	分配率	分配额(元)
A产品					
B产品					
C产品					
合计					

表 9-8　检验成本分配表

产品名称	批量	每批检验数(件)	合计	分配率	分配额(元)
A 产品					
B 产品					
C 产品					
合计					

表 9-9　材料处理成本分配表

产品名称	批量	每批移动次数	合计	分配率	分配额(元)
A 产品					
B 产品					
C 产品					
合计					

表 9-10　整备成本分配表

产品名称	每批整备次数	分配率	分配额(元)
A 产品			
B 产品			
C 产品			
合计			

表 9-11　采购成本分配表

产品名称	购货订单数量(件)	分配率	分配额(元)
A 产品			
B 产品			
C 产品			
合计			

表 9-12　分类成本分配表

产品名称	分类次数	分配率	分配额(元)
A 产品			
B 产品			
C 产品			
合计			

表 9-13　主要成本分配表

产品名称	单位主要成本	生产数量(件)	主要成本	分配率	分配额(元)
A 产品					
B 产品					
C 产品					
合计					

表 9-14　产品生产成本表

项目	A产品(60 000件)		B产品(5 000件)		C产品(6 000件)	
	单位成本	总成本	单位成本	总成本	单位成本	总成本
1. 单位作业成本						
直接材料						
直接人工						
机器能量						
小计						
2. 批量作业成本						
检验						
材料处理						
整备						
小计						
3. 产品作业层次						
采购						
产品分类						
小计						
4. 能量作业层次						
全面管理						
合计						

案 例 分 析

石英衣物制造企业主要生产衣服与裤子,该公司生产三种不同款式的衣服与两种不同款式的裤子,衣服和裤子分别是由不同的生产线进行加工,这五种款式的衣物均按批次生产,每批100件。

(1)

表 9-15 成本资料表

产品	衣服			裤子		合计
型号	A	B	C	D	E	
本月批次	8	10	6	4	2	30
每批产量	100	100	100	100	100	
产量	800	1 000	600	400	200	3 000
每批直接人工成本(元)	3 300	3 400	3 500	4 400	4 200	
直接人工总成本(元)	26 400	34 000	21 000	17 600	8 400	107 400
每批直接材料成本(元)	6 200	6 300	6 400	7 000	8 000	
直接材料总成本(元)	49 600	63 000	38 400	28 000	16 000	195 000

2019年年末该业的制造费用发生额为214 800元。以直接人工作为分配标准,得到制造费用分配率=214 800/107 400=2

(2) 按传统成本法计算成本。该企业过去一直按传统成本计算法核算产品成本。各产品成本如表9-16所示。

表 9-16 成本表　　　　　　　　　　　　　　　　　　　　单位:元

产品	A	B	C	D	E	合计
直接人工	26 400	34 000	21 000	17 600	8 400	107 400
直接材料	49 600	63 000	38 400	28 000	16 000	195 000
制造费用	52 800	68 000	42 000	35 200	16 800	214 800
总成本	128 800	165 000	101 400	80 800	41 200	517 200
每批成本	16 100	16 500	16 900	20 200	20 600	
每件成本	161	165	169	202	206	

该企业正准备2020年的成本核算改革,引入作业成本法,为此,企业进行了近半

年的准备工作,划分作业成本库,确定作业层级等,通过数据的收集和分析,明确了四个作业成本库和对应的作业层级,如表9-17所示:

表9-17 作业成本表　　　　　　　　　　　　　　　　　单位:元

项目	作业成本级别	金额
生产准备、检验和供应成本	批次作业成本	84 000
衣服产品成本	产品作业成本	54 000
裤子产品成本	产品作业成本	66 000
其他成本	能力作业成本	10 800
制造费用成本		214 800

试分析计算以下问题:

1. 请为各项作业成本确认合适的成本动因,并计算成本动因分配率。

2. 试用作业成本法为该企业计算产品成本,并对比企业成本数据,分析用何种方法核算更合理。

练习题答案

一、单项选择题

1. D 2. C 3. D 4. A 5. D 6. D 7. C 8. C 9. D 10. D 11. A 12. A 13. D 14. D 15. B

二、多项选择题

1. ABCD 2. ABCD 3. BCD 4. ABC 5. ABC 6. ABCD 7. ABCD 8. ABCD 9. ABCD 10. ABCD 11. BD 12. ABCD 13. BD 14. BD 15. BCD

三、判断题

1. × 2. √ 3. × 4. × 5. √ 6. √ 7. × 8. × 9. √ 10. √

四、简答题

1. (1)作业成本法下所有的成本都是变动的。

(2)在传统成本法下,通常将不同质的制造费用以部门为基础进行归集,并采用主观的单一分配率进行分配和再分配,仅满足了与产出相关制造费用的分配;而作业成本法则将制造费用按不同动因分配到一系列成本库中进行归集,然后按各自的成本动因率进行分配,作业成本法将与产出量相关的制造费用和非产出量相关的制造费用区分开来,采用不同动因进行分配,使成本库中归集的制造费用更具同质性,费用分配与分配标准之间更具因果关系。

(3)作业成本法给企业提供了许多增加价值的机会。

(4)作业成本法对间接费用的处理更合理。

（5）作业成本法能够适应日益出现的大规模、产品种类繁多的企业。

（6）作业成本法更适合管理者的决策。

2.（1）实施作业成本法，可能会给企业带来较长期的经济效益，短期内实施效果不明显，并且实施成本较高。

（2）与传统成本法一样，作业成本法在确定作业中心和成本动因时，需要人为地判断，具有主观性。

（3）由于作业成本法的基础成本资料仍然来自传统的权责发生制成本计算，因而权责发生制方法下固有的随意性和可选择性，所带来会计处理的不同结果，必然会影响到作业成本法。

（4）部门权力下降，导致部门的主观能动性受到限制。

（5）作业成本法仅以作业成本作为评价标准，可能导致较大误差。

3. 作业是指能产生附加价值，并会发生成本的经济活动。

作业有多种分类，常用的分类主要有如下四种：

单位水平作业，反映对每单位产品产量或服务所进行的工作，即使单位产品受益的作业。

批量水平作业，是由生产批别次数直接引起，与生产数量无关，既是一批产品受益的作业。

产品水平作业，是每一类产品的生产和销售所需要的工作。即是某种产品的每个单位都受益的作业。

能力水平作业，是使企业生产经营正常运转的工作，即使某个机构或某个部门受益的作业。

4.（1）成本动因与实际制造费用的相关程度。在既定精确度下，运用相关程度较高的成本动因时，则成本动因的数目就较少；反之，则为达到一定的准确度水准，必须增加成本动因的数量。（2）产品成本的准确度和产品组合的复杂程度。若对产品成本的精确度要求比较高，则成本动因的数目就必然增加；相反则会减少。产品复杂程度低，则多个作业成本可汇集在同一个作业成本库中；相反成本动因数目也相应增多。

5. 作业成本法对成本的计算与传统成本法不同的是，分配基础（成本动因）不仅发生了量变，而且发生了质变，它不再仅限于传统成本法所采用的单一数量分配基准，而是采用多元分配基准，且集财务变量与非财务变量于一体。在作业成本法下，由于非产量基础、非工时基础变动成本概念的提出，使许多不随产量和工时变动的间接成本可以明确地归属于各产品，产品成本不仅随产量与工时变动，而且随着相关作业变动，这引出了作业成本法的基本原理"作业消耗资源，产品消耗作业"。其指导思想就是几乎所有的成本都是变动的，都可以降低或消除，应避免使用传统的方法划分变动成本和固定成本，不再把任何成本当作固定成本；还应该废除产品补偿成本、产品制造利润的旧观念，树立作业消耗资源、产品消耗作业的新观念。

6. 作业是指能产生附加价值，并会发生成本的经济活动。作业成本是指各项作业所消耗的资源。这里的资源，是指企业花代价而获得的能为其带来收入的一切事物，如资金、原材料及人力资源等。因此，在作业成本法下，成本被定义为资源的耗用，而不是为获取资源而发生的支出。作业成本法计量资源耗费水平的变动，而不是支出水平的变化。前者取决于对资源的需求,后者则取决于现有的资源状况。作业成本法又叫作业成本计算法或作业量基准成本计算方法(Activity-Based Costing,ABC)法,是以作业(Activity)为核心,确认和计量耗用企业资源的所有作业,将耗用的资源成本准确地计入作业,然后选择成本动因,将所有作业成本分配给成本计算对象(产品或服务)的一种成本计算方法。

7. 成本动因是指引起成本发生的驱动因素,又称为成本驱动因素,如采购订单便是采购作业的成本动因。成本动因具有隐蔽性,不易识别,需要对成本行为进行仔细分析才能得到。成本动因有两种形式:①资源动因(Resource Driver),是指决定一项作业所耗费资源的因素,反映作业量与资源耗费之间的因果关系,如购货作业的资源动因是从事这一活动的职工人数。②作业动因(Activity Driver)。是将作业中心的成本分配到产品或劳务、顾客等成本目标中的标准,它也是将资源消耗与最终产出相沟通的中介,如购货作业的作业动因即为定购单数。每一项作业,都有与其相对应的作业成本动因。

8. (1) 分析累积顾客价值的最终商品的各项作业,建立作业中心。

(2) 归类汇总企业相对有限的各种资源,并将资源合理分配给各项作业。

(3) 对生产经营的最终商品或劳务分类汇总,明确成本对象。

(4) 发掘成本动因,加强成本控制。

(5) 建立健全业绩评价体系,加强成本管理的绩效考评。

五、计算题

1.

表 9-18 生产成本表

作业中心	资源耗用(元)	动因	作业成本分配率	A	B
材料处理	20 000	500	40	12 000	8 000
材料采购	36 000	600	60	24 000	12 000
机器能量	28 000	700	40	16 000	12 000
产品检验	24 000	600	40	12 000	12 000
产品运输	18 000	600	30	12 000	6 000
合计总成本	126 000	—	—	76 000	50 000
单位成本	—	—	—	84.45	83.33

2.

表 9-19 成本表

| 作业中心 | 成本(元) | 分配率 | 分配金额(元) | |
			甲产品	乙产品
生产准备	14 000	200	8 000	6 000
材料管理	4 000	100	2 500	1 500

(续表)

作业中心	成本(元)	分配率	分配金额(元)	
			甲产品	乙产品
包装与运输	9 000	10	5 000	4 000
合计	27 000		15 500	11 500

3.

表 9-20 A、B、C 产品材料与人工单位成本表

成本项目	A产品	B产品	C产品
直接材料	60	150	62.5
直接人工	40	150	37.5
合计	100	300	100

表 9-21 机器能量成本分配表

产品名称	数量(件)	使用比例	合计	分配率	分配额(元)
A产品	9 000	1	9 000	2	18 000
B产品	6 000	1	6 000	2	12 000
C产品	8 000	2	16 000	2	32 000
合计			31 000	2	62 000

表 9-22 检验成本分配表

产品名称	批量	每批检验数(件)	合计	分配率	分配额(元)
A产品	10	30	300	150	45 000
B产品	12	5	60	150	9 000
C产品	100	1	100	150	15 000
合计			460	150	69 000

表 9-23 材料处理成本分配表

产品名称	批量	每批移动次数	合计	分配率	分配额(元)
A产品	10	30	300	50	15 000
B产品	12	25	300	50	15 000
C产品	100	8	800	50	40 000
合计			1 400	50	70 000

表 9-24 整备成本分配表

产品名称	每批整备次数	分配率	分配额(元)
A产品	10	200	2 000
B产品	12	200	2 400
C产品	100	200	20 000
合计	122	200	24 400

表 9-25 采购成本分配表

产品名称	购货订单数量(件)	分配率	分配额(元)
A产品	500	30	15 000
B产品	300	30	9 000
C产品	200	30	6 000
合计	1 000	30	30 000

表 9-26 分类成本分配表

产品名称	分类次数	分配率	分配额(元)
A产品	60	100	6 000
B产品	40	100	4 000
C产品	20	100	2 000
合计	120	100	12 000

表 9-27 主要成本分配表

产品名称	单位主要成本(元)	生产数量(件)	主要成本	分配率	分配额(元)
A产品	100	9 000	900 000	0.02	18 000
B产品	300	6 000	1 800 000	0.02	36 000
C产品	100	8 000	800 000	0.02	16 000
合计			3 500 000	0.02	70 000

表 9-28 产品生产成本表 单位:元

项目	A产品(60 000 件)		B产品(5 000 件)		C产品(6 000 件)	
	单位成本	总成本	单位成本	总成本	单位成本	总成本
1. 单位作业成本						
直接材料	60	540 000	150	900 000	62.5	500 000
直接人工	40	360 000	150	900 000	37.5	500 000
机器能量	2	18 000	2	18 000	4	36 000
小计	102	118 000	302	1 818 000	104	136 000
2. 批量作业成本						
检验	5	45 000	1.5	9 000	1.875	15 000
材料处理	1.67	15 000	2.5	15 000	5	40 000
整备	0.22	2 000	0.4	2 400	2.5	20 000
小计	6.89	62 000	4.4	26 400	9.375	75 000
3. 产品作业层次						
采购	1.67	15 000	1.5	9 000	0.75	6 000
产品分类	0.67	6 000	0.67	4 000	0.25	2 000
小计	2.34	21 000	2.17	13 000	1	8 000
4. 能量作业层次						
全面管理	2	18 000	6	36 000	2	16 000
合计	2	1 800	6	36 000	2	16 000

案例分析答案

1. 属于批次级的作业成本,可以以生产批次作为成本动因;产品级次作业成本则以各个产品的批次作为成本动因;能力作业成本的发生与产量、批次、产品都无关,可以以直接人工成本作为分配依据。计算作业成本分配率如表 9-29 所示:

表 9-29 作业成本表

作业	成本(元)	批次(批数)	直接人工(元)	分配率
批次级作业成本	84 000	30		2 800
衣服产品线成本	54 000	24		2 250
裤子产品线成本	66 000	6		11 000
能力作业成本	10 800		107 400	0.100 6

2. 根据单位作业成本和作业量,将作业成本分配到产品,如表 9-30 所示:

表 9-30 产品成本表　　　　　　　　　　　　　单位:元

产品	A	B	C	D	E	合计
本月批次	8	10	6	4	2	30
直接人工	26 400	34 000	21 000	17 600	8 400	107 400
直接材料	49 600	63 000	38 400	28 000	16 000	195 000
制造费用						
批次相关总成本	22 400	28 000	16 800	11 200	5 600	84 000
产品相关总成本	18 000	22 500	13 500	44 000	22 000	120 000
能力作业成本	2 655	3 419	2 112	1 770	845	10 800
间接费用合计	43 055	53 919	32 412	56 970	28 445	214 800
总成本	119 055	150 919	91 812	102 570	52 845	517 200
每批成本	14 882	15 092	15 302	25 642	26 422	
作业成本法单位成本	148.82	150.92	153.02	256.42	264.22	
传统成本法单位成本	161	165	169	202	206	

作业成本法按照不同层次,分四个成本库分配成本,不同成本动因的成本采用不同的分配标准,而完全成本法只按直接人工进行所有间接成本分配,忽略成本驱动因素。

第十章 战略管理会计

重点与难点

一、战略管理会计概述

(一) 战略管理会计的含义

战略管理会计是管理层为谋求企业长远的、持续竞争优势的能力,以取得整体竞争优势为目标,以战略观念审视外部和内部信息,整合营销、财务、生产等部门,以分析研究企业、顾客和竞争对手所组成的"战略三角"为核心,强调财务与非财务信息、数量与非数量信息并重,为企业战略制定、执行与考评,提示企业在整个行业中的地位及其发展前景,提供全面、相关和多元化信息而形成的现代管理会计与战略融为一体的新兴交叉学科。

(二) 战略管理会计的特点

1. 着眼于长远目标,注重整体性和全局利益

传统管理会计注重的是单个企业价值最大和短期利益最优,依据"利润最大化的原则",追求企业当前利益最大。而战略管理会计是制定、实施、评估跨部门决策的循环过程,要从整体上把握其过程,既要合理制定战略目标,又要求企业管理的各个环节密切合作,以保证目标的实现。

2. 重视企业和市场的关系,具有开放系统的特征

传统的管理会计主要针对的是企业内部环境,如企业自身经营条件、业绩评价等,而战略管理会计则要考虑到市场的顾客需求及竞争者实力,注重市场观念。这个市场观念一方面使管理会计的视角由企业内部转向为企业外部,另一方面战略管理会计倡导"以变应变",企业的经营和管理要根据动态市场的变化而做出相应的改变。

3. 重视企业组织及其发展,具有动态系统的特征

企业战略目标的确定是和特定的内外部环境相适应的调整,战略管理是一种动态管理。处于不同发展阶段的企业,必然要采取不同的企业组织方式和不同的战略方针,并且要根据市场环境及企业本身实力的变化相应地作出调整。

4. 拓展了管理会计人员的职能范围和素质要求

传统管理会计由于信息范围狭小,数据处理方法有限,使管理会计人员难以从战略

的高度来提出决策建议，只能是通过计算财务指标、传递财务数据来提供财务信息。而在战略管理会计下，管理会计人员不只是提供必要的财务信息，而是要求他们能够运用多种方法，对包括财务信息在内的各种信息进行综合分析和评价，向管理层提供全部信息的分析结论与政策建议。

二、战略管理会计的基本内容

（一）制定战略目标

企业战略目标的制定主要分为三个层次，即公司战略目标、竞争战略目标以及职能战略目标。制定战略目标的步骤是：调查研究、拟定目标、评价论证、目标决断。

（二）建立战略管理会计信息系统

1. 战略管理会计信息系统的含义

战略管理会计信息系统是指收集、加工和提供战略管理信息资料的技术和方法体系。

2. 战略管理会计信息系统的内容及特点

内容：战略管理会计信息系统主要提供有关本企业基本情况的说明、对本企业分析评价和发展趋势进行预测的信息以及外部环境比如政府政策、市场情况、国际形势等影响企业经济发展方面的信息。

特点：(1) 战略管理会计信息系统更加注重提供非财务信息；

(2) 强调相对指标的重要性；

(3) 注重提供与企业战略相关的前瞻性预测信息；

(4) 突出外部信息的重要性。

3. 战略管理会计信息系统的信息披露的方式

(1) 报表。它是指以表格形式对本企业以及对本企业竞争对手比较而产生的信息的披露。比如，比较本企业以及竞争企业成本水平的成本表以及比较成本表等。

(2) 分析报告。分析报告是指以现实为基点对内外部经济环境、市场和顾客的消费趋势以及本企业与竞争企业优势与劣势所做的综合判断。

(3) 情况说明书。它是指对本企业的背景情况、竞争对手基本情况、社会购买力状况、市场状况、国内外与本企业有关的重大事件的说明性文件。

4. 战略成本管理

(1) 基本内容。价值链分析、战略定位分析以及成本动因分析构成了战略成本管理的基本内容。

(2) 战略成本管理的基本范围。战略成本管理的基本范围涵盖了整个产品生命周期，且管理的重点在前期阶段（即开发、设计、投入阶段）和后期的售后服务阶段。战略成本管理是全员、全面以及全过程的统一，战略成本管理跳出了传统成本管理只注重生产制造环节的成本核算和成本分析控制的局限性，将关注的重点转向产品的设计与研发，以及后期的售后服务阶段。

战略成本管理注重对产品整个寿命周期进行目标成本管理，并实行成本规划和产品设计一体化,以便从根本上降低成本,实现经济与技术的最佳结合。

(三) 战略性投资决策

传统的管理会计一般采用项目的净现值或者是内部收益率来作为评价投资项目是否可行的标准。但是这种标准评价方法必须得保证与项目有关的成本和收益是可以量化并且可以用货币表示。其次,传统管理会计也没有考虑到某个项目是否与公司整体的经营战略是符合的。因此,战略会计的投资评价可以采用一种新方法——战略投资评价矩阵。

战略符合系数

有条件拒绝	接受
拒绝	有条件选择

风险调整系数

图 10-1　战略投资评价矩阵

战略管理会计应当对同一企业不同种类的风险赋予不同的风险权重,而这种权重应该反映企业控制各种风险的能力。战略投资评价的横轴表示风险调整系数,这一系数综合了传统的财务评价和项目的风险因素。战略投资评价的纵轴表示项目的战略符合性系数。战略符合性系数表示待评估项目符合公司的使命和目前经营战略的程度。在求得项目的风险调整系数和战略符合性系数后,即可对项目可行性进行评价。

(四) 战略性业绩评价

战略性业绩评价指的是结合企业的战略,采用财务性与非财务性指标结合的方法来动态地衡量战略目标的完成程度,并提供及时反馈信息的过程。用于业绩评价的有效方法有平衡积分卡和标杆法等。

三、战略管理会计的主要方法

(一) 竞争对手分析

通过提供竞争者成本资源、成本结构、产品研发、市场份额、经营策略等财务与非财务信息,并深入分析,以帮助管理者进行战略定位,保持相对竞争优势从而获取超额报酬的一种战略管理会计方法。

(二) 价值链分析

价值链分析是一种战略分析工具,从外部环境的角度分析问题,把每个企业都当成整个价值创造作业链中的一环,从原材料的取得到最终产品使用后废弃整个价值链的层次上分析产品的成本和收益,从合理分享利用的角度,求得供应商和顾客的合作与协调,科学地设置整个价值链。

企业价值链分析主要分为企业内部价值链分析和行业价值链分析。

(三) 成本动因分析

成本动因分析可以分为两大部分,即结构性成本动因分析和执行性成本动因。

结构性成本动因一般包括构成企业基础经济结构的企业规模、业务范围、经验积累、技术和厂址等。

执行性动因是企业执行作业程序有关的动因,即影响企业成本态势并与执行作业程序有关的驱动因素。主要包括参与、全面质量管理、能力应用、联系、产品外观以及厂址布局等因素。

关键概念

1. 战略管理会计
2. 战略目标
3. 战略管理会计信息系统
4. 战略业绩评价
5. 竞争对手分析
6. 价值链与价值链分析
7. 结构性成本动因与执行性成本动因

练习题

一、单项选择题

1. 企业战略目标的确定,可以通过(　　)来进行。
   A. 价值链分析　　　　　　　　B. 成本动因分析
   C. 战略定位分析　　　　　　　D. 战略成本管理

2. 揭示企业与竞争对手的相对成本地位是(　　)最重要的应用。
   A. 价值链分析　　　　　　　　B. 成本动因分析
   C. 战略定位分析　　　　　　　D. 外部环境分析

3. 下列各项中,表述错误的是(　　)。
   A. 战略成本管理的目标就是在强化所选择战略定位的同时降低成本
   B. 采用SWOT分析法可初步确定企业战略目标
   C. 采用产品生命周期进行分析是为了确保战略目标的合理性
   D. 目标成本是预定的市场份额需要的销售价格与期望单位利润之间的差额

4. 从价值链的角度来看,以下项目中对整体成本影响最大的是(　　)。
   A. 研发　　　　　　　　　　　B. 采购
   C. 生产　　　　　　　　　　　D. 售后

5. 以下不属于竞争对手价值链分析的是(　　)。
   A. 认清存在差距　　　　　　　B. 寻求改善方向
   C. 确定成本管控工具　　　　　D. 建立相对竞争优势

6. 对成本动因理解不正确的是(　　)。

A. 成本动因是作业成本法的核心内容

B. 成本动因是事后控制的

C. 成本动因大都是具体的业务活动

D. 控制好成本动因就能够有效控制成本发生额的大小

7. 如果购买者偏好的多样性太强,标准化的产品难以完全满足,那么(　　)就成了一个很有吸引力的竞争战略。

　　A. 成本领先战略　　　　　　　　B. 差异化领先战略
　　C. 目标聚集战略　　　　　　　　D. 所有的战略

8. 战略和结构关系的基本原则要服从于(　　)。

　　A. 战略目标　　　　　　　　　　B. 组织战略
　　C. 战略创新　　　　　　　　　　D. 战略控制

9. 下列哪项不属于战略成本管理的基本方法(　　)。

　　A. 制造成本法　　　　　　　　　B. 作业成本法
　　C. 生命周期成本法　　　　　　　D. 贴现现金流量法

10. 下列哪项属于非财务信息(　　)。

　　A. 各类资产的比例与结构信息　　B. 竞争对手信息
　　C. 经营业绩信息　　　　　　　　D. 前瞻性信息

11. 下列哪项不是战略成本管理的代表思想(　　)。

　　A. 管理工具论　　　　　　　　　B. 管理思想论
　　C. 管理信息论　　　　　　　　　D. 管理系统论

12. 下列选项中不是战略管理会计主要内容的是(　　)。

　　A. 战略成本管理　　　　　　　　B. 战略定位分析
　　C. 战略绩效评价　　　　　　　　D. 战略利润分析

13. 下列各项中,不属于传统管理会计缺陷的是(　　)。

　　A. 缺少对高新技术发展的适应性　B. 缺乏重视外部环境的战略观
　　C. 涵盖的内容狭隘,提供的信息单一　D. 注重非财务信息

14. 准确的管理信息需要(　　)。

　　A. 正确的茶品成本核算　　　　　B. 正确的控制系统
　　C. 正确的绩效评估系统　　　　　D. 以上三个都需要

15. 战略成本管理的第二个要素称为战略定位,它和(　　)有关。

　　A. 产品的价格定位　　　　　　　B. 产品的市场定位
　　C. 产品的用户定位　　　　　　　D. 产品的质量定位

二、多项选择题

1. 属于非财务信息的有(　　)。

　　A. 经营业绩信息　　　　　　　　B. 前瞻性信息
　　C. 背景信息　　　　　　　　　　D. 竞争对手信息

E. 现金流量信息
2. 战略成本管理相对于传统成本管理有哪些进步(　　)。
　　A. 拓宽成本管理的空间范围　　　　B. 拓宽成本管理的时间范围
　　C. 细分了成本核算的程序和方法　　D. 创新成本管理的方法和手段
　　E. 创建了定额成本的核算方法
3. 下列说法正确的是(　　)。
　　A. 价值的概念最终还是要从消费者的角度理解
　　B. 企业采取成本领先战略就得在市场上采取价格战
　　C. 价值链分析是战略成本管理的基本分析方法
　　D. 企业追求成本就是要使得价值链的每一个环节的成本最低
4. 公司总体战略包括(　　)。
　　A. 成长型战略　　　　　　　　　　B. 稳定性战略
　　C. 收缩型战略　　　　　　　　　　D. 产品差异化战略
5. 采用成本领先战略的企业可以通过(　　)实现其目标。
　　A. 使用独特的技术　　　　　　　　B. 引用更先进的设备
　　C. 改变产品结构　　　　　　　　　D. 改善工艺流程
　　E. 利用规模经济
6. 下列有关执行性成本动因的描述中正确的是(　　)。
　　A. 执行性成本动因应当对目标的实现起到基础保证作用
　　B. 执行性成本动因分析的目的是选择满足顾客需要所用的作业
　　C. 对于执行性成本动因而言,并不是程度越高越好而是存在一个适度的问题
　　D. 执行性成本动因能够决定企业的成本地位
7. 在与对手进行价值链对比分析时,应该注意(　　)。
　　A. 目光应当放长远,注意发展环境的变迁
　　B. 考虑价值链的稳定性
　　C. 注重双方的真实信息
　　D. 核心要素的识别与价值积累
8. 战略成本动因有(　　)特点。
　　A. 与企业战略密切相关　　　　　　B. 可塑性强
　　C. 形成与改变较为困难　　　　　　C. 对产品成本的影响更长远
　　E. 常常被传统的成本管理所忽视
9. 战略管理信息系统有哪些特点(　　)。
　　A. 提供财务信息,但是更注重非财务信息
　　B. 强调相对指标的重要性
　　C. 突出外部信息
　　D. 注重提供与企业战略相关的前瞻性信息
10. 下列属于结构性成本动因的是(　　)。
　　A. 整合程度　　　　　　　　　　　B. 全面质量管理

C. 生产能力运用模式　　　　　　　D. 技术
E. 地理位置

11. 当核心战略确定以后,战略成本管理思维主要包括哪几个环节(　　)。
   A. 商业模式　　　　　　　　　　　B. 战略决策评价
   C. 竞争力分析　　　　　　　　　　D. 价值链

12. 战略管理会计将成本与收益划分为(　　)。
   A. 可以直接用货币表示的　　　　　B. 可以换算为货币表示的
   C. 不能够用货币表示的　　　　　　D. 可以用其他等价物表示的

13. 战略业绩指标有哪些特征(　　)。
   A. 全面体现企业的长远利益　　　　B. 重视企业内部跨部门合作的特点
   C. 业绩的可控性　　　　　　　　　D. 利用企业内外部的货币指标

14. 价值链的用途主要包括(　　)。
   A. 厘清各业务环节责任与义务　　　B. 寻找成本管控工具
   C. 从整体视角分析价值流转过程　　D. 说明成本动因与影响效果

15. 竞争对手分析对战略决策所起的作用有哪些(　　)。
   A. 判断竞争对手的相对竞争能力
   B. 了解竞争形式和企业面临的问题
   C. 寻找迎接外部变化的决策
   D. 寻求自身生存、发展之道
   E. 将战略业绩指标的执行贯穿于计划过程与评价过程

16. 战略管理会计的信息披露方式有(　　)。
   A. 报表　　　　　　　　　　　　　B. 分析报告
   C. 情况说明书　　　　　　　　　　D. 其他披露方式

三、判断题

1. 战略管理会计是企业战略管理和管理会计相结合的产物。　　　　　　　　(　　)
2. 传统管理会计最大的缺陷是未能包含战略思想,因此战略管理会计应运而生。
　　　　　　　　　　　　　　　　　　　　　　　　　　　　　　　　　　(　　)
3. 战略管理会计主要研究成本管理、经营性投资决策和企业业绩评价。　　　(　　)
4. 一个企业的成本优势或劣势的地位不会因为市场的变化而变化。　　　　　(　　)
5. 生命周期成本管理的重点是成本控制,而不是成本降低。　　　　　　　　(　　)
6. 战略成本管理的基本框架是关注成本驱动因素,运用价值链分析工具,明确成本管理在企业战略中的功能定位。　　　　　　　　　　　　　　　　　　(　　)
7. 战略投资评价矩阵的横轴表示项目的战略符合系数,纵轴表示风险调整系数。
　　　　　　　　　　　　　　　　　　　　　　　　　　　　　　　　　　(　　)
8. 竞争对手分析并不是一个简单的收集信息的过程,而是一个理解竞争对手的过程。　　　　　　　　　　　　　　　　　　　　　　　　　　　　　　(　　)
9. 价值链分析的主要目的是通过控制成本动因或重新优化价值链,构建具有自

身特色的价值链,以取得竞争优势。 （ ）
10. 通过行业价值链分析,可以利用行业价值链来消除不增值作业。 （ ）
11. 执行性成本动因的形成需要较长时间,并且一经确定往往很难变动。 （ ）

四、简答题

1. 简述战略成本定位分析方法有哪些?
2. 战略目标的制定有哪些步骤?
3. 一般认为哪些因素能够影响战略决策者的战略选择?
4. 差异化战略的制定有几个步骤?
5. 比较传统管理会计业绩评价和战略管理业绩评价。
6. 企业价值链分析的主要内容。
7. 迈克尔·波特在竞争优势基础上提出的三种竞争战略。
8. 战略管理会计与传统管理会计比较。
9. 战略管理会计的内容。
10. 战略成本管理与传统成本管理比较。
11. 企业内部价值链分析的关键是什么?有什么意义?
12. 成本动因分析包括哪些方面?他们各自有什么内容以及作用?

案例分析

ABC公司是一家PCB电路板公司,以下是其在生产经营过程中所面临的现实情况:

（1）原材料供应风险。公司所生产的电路板,其原材料是绝缘材料环氧树脂玻璃布板,其中大部分原材料是由国内知名绝缘材料厂家提供,部分从国外进口。因此,环氧树脂价格走势以及能否及时供应生产所需要的环氧树脂玻璃布板会直接影响公司的经营状况。

（2）对于大客户的依赖程度。公司生产的PCB电路板主要供应给CC电子科技有限公司,给空调等家电配套。CC电子科技有限公司对该电路板的需求足够影响ABC公司的经营业绩。

（3）产品结构过度集中。公司目前主要产品是高密度印刷线路板,虽然可以广泛运用于家电、通信、电脑等领域,但都集中在电子科技领域,产品结构相对集中。因此,如果电子市场出现较大的市场波动尤其是CC电子科技有限公司销路不畅时,ABC的经营一定会受到影响。

（4）融资能力有限。电路板的加工与制造属于现代化电子产业,具有技术、资金密集型企业的特征,生产规模的扩大、设备的更新改造都需要庞大资金的支撑,仅仅靠银行贷款是不够的。

(5) 汇率变动风险。由于部分原材料仍有部分需要从德国进口,因此外汇汇率的变动也将影响着公司的效益。贸易战的爆发对 ABC 公司的冲击不可小觑。

ABC 公司是目前国内最大的电路板加工与制造的公司,各项经济技术指标在全国同行中占据领先地位,公司先后通过了 ISO9001:2008、ISO14001:2004、ISO/TS16949:2002、中国 CQC、索尼绿色伙伴认证、UL 等国际认证,同时被认定为国家重点扶持的高新技术企业。

分析要求: 请利用以上资料,对 ABC 公司进行竞争优势分析和价值链分析,并为该公司的进一步发展提供建议。

练习题答案

一、单项选择题

1. C 2. A 3. B 4. A 5. C 6. B 7. B 8. B 9. A 10. A 11. D 12. B 13. D 14. D 15. B

二、多项选择题

1. ABCD 2. ABD 3. AC 4. ABC 5. ABCDE 6. AB 7. ABCD 8. ABCDE 9. ABCD 10. ADE 11. ABCD 12. ABC 13. ABCD 14. ACD 15. ABCD 16. ABCD

三、判断题

1. √ 2. × 3. × 4. × 5. × 6. √ 7. × 8. √ 9. √ 10. √ 11. ×

四、简答题

1. 战略成本定位分析方法主要有波特的"五种力量分析方法"、外部环境分析的 PEST 法、内外部环境综合分析的 SWOT 分析法。波特的"五种力量分析法"认为行业中存在着决定竞争规模和程度的五种力量,它们分别是进入堡垒、替代品威胁、买方议价能力以及现存竞争者之间的竞争,根据上述对五种竞争力量的讨论,企业应当发挥自身的经营优势占领有效的市场地位。而 PEST 法则是强调对企业宏观环境的分析,其中 P 指的是政治因素、E 指的是经济因素、S 指的是社会、T 是技术因素,通过从这几个方面的分析来从总体上把握宏观环境进而利用这些因素来说明对企业战略目标的制定以及战略实施所产生的影响。而 SWOT 分析法则是基于内外部环境条件下通过调查与研究分析研究对象存在的优势与劣势,机会以及威胁从而更好地进行决策。

2. 战略目标的制定一般包括调查研究、拟定目标、评价论证以及目标决断。调查研究是指在进行战略目标选择以前先对以前的成果进行复核,把机会与威胁、长处与短处、自身与对手、企业与环境、需要与资源、现在与未来进行对比,以确定比较可靠的战略目标。拟定目标时一定要搞清楚目标方向以及目标水平,在既定的战略经营领域内,通过对诸多限制条件的全面衡量,形成可供选择的目标方案。评价论证是指当战略目标拟定出来以后，企业就要组织多方面的专家和相关人员进行评估从而进行相应的调整。最后目标决断时，需要从目标方向的正确度、可望实现的程度以及期望效益的大小三个方面进行权衡。

3. 企业对环境的依赖程度。企业对环境的依赖程度越深，环境的变化必然会影响企业管理者进行战略的选择。

管理者对待风险的态度。如果管理者是风险规避者，那么在进行战略决策的时候就会注重规避决策过程中可能遇到的风险，摒弃经营风险较大的战略决策。

企业过去的战略。企业过去的战略会对企业现在的战略决策产生影响。

4. 首先要分析市场环境。分析所处行业的宏观环境、消费者市场以及市场需求等情况，根据相对应的环境来制定战略目标。其次，企业战略制定者应当在环境分析的基础上，应当选择自身差异化最为突出的部分。最后，制定差异化战略方案，需要检验差异化战略的必要性，产品必须贴近消费者。

5. 在传统管理会计中，业绩评价基本上是以一定期间的会计收益为基础计算的财务指标，主要包括营业利润率、成本费用利润率、资产报酬率、净资产收益率和总资产报酬率等，而针对上市公司则经常采用每股收益、每股股利等指标。基于利润的业绩考核与评价的机制极易导致决策者的短期行为，并且其考核与评价依赖的是历史信息，无法体现企业未来的发展状况。另一方面，这些评价指标只是对结果的考评，难以实现对整个过程的控制，也无法表明产生此结果的原因及今后该从哪方面改进。因此，处于高竞争、高科技的现代经营环境之中的管理人员越来越不满足于传统的业绩评价方法。而从战略管理的角度来看，业绩评价是连接战略目标和日常经营活动的桥梁。战略业绩评价是指结合企业的战略，采用财务性与非财务性指标结合的方法去衡量战略目标的完成程度，并及时提供反馈信息。相比较而言，战略业绩指标更能全面体现企业的长远利益，集中反映与战略决策密切相关的内外部因素，在财务指标与非财指标之间求得平衡。

6. 企业价值链分析主要包括企业内部价值链分析和行业价值链分析。企业内部价值链产生的过程即是从最终的供应商手中得到原材料直至最终产品送到用户手中的全过程，这个部分可分为基础作业和支持作业。其中基础作业主要包括内部后勤、生产经营、外部后勤、市场营销以及售后服务等。支持作业主要包括企业基础设施、人力资源管理、技术开发以及物料采购等。企业内部价值链的关键是找出企业内部的哪些作业产生了竞争优势，然后对这些作业进行更有效的管理。通过企业内部价值链分析，可以确定哪些活动是战略性的，哪些活动是非战略性的，这样通过协调和最优化机制为降低成本创造机会。行业价值链包含行业内所有的价值创造活动，它始于基本原材料，而终止于产品运送给最终客户。行业价值链分析的关键是找出并利用企业在本行业中的相对优势和行业中各企业的经济关系。通过行业价值链分析企业可以整合方式降低成本，并且可以消除不增值作业。总的来说，通过行业价值链分析可以使企业明确自己在行业价值链中的位置。

7. 迈克尔·波特在竞争优势的基础上提出了三种使企业在竞争中取胜的战略，即低成本战略、高差异战略和集中型战略。低成本战略追求成本的绝对降低，采用这种战略要求企业必须达到一定规模,并且在一定的经验基础上最大限度地降低成本,减少研发、服务、售后等方面的费用。高差异战略要求企业追求行业内的独特性,在产品研发与设计、品牌、售后服务等方面保持自己的独到之处,形成相对优势。集中型战略是主攻某个特定的顾客群、某产品系列的一个细分区段或某一个地区市场。实行集中型战略的前提是,公司能够以更高的效率、更好的效果为某一狭窄的战略对象服务,从而超过为更广阔范围对象服务的竞争对手。

8. 传统的管理会计是一种注重短期利益的战术性管理会计,当面临企业最高管理当局决策时常暴露出封闭性、短期性、狭隘性、单一性和缺乏应变性等方面的缺点,它只把焦点对准组织内部,仅限于报告过去活动的结果,而对长期的战略问题并不是很关心。

而战略管理会计着眼于长远目标,从整体上把握制定、实施和评估跨部门决策的循环过程。其次,市场观念使管理会计的视角由企业内部转向企业外部,重视企业要根据市场环境及企业本身实力的变化相应作出调整。最后,战略管理会计也拓展了管理会计人员的职能范围和素质要求。传统管理会计只能从财务指标和财务数据提供信息,难以跳出单个企业财务分析范围,而战略管理会计要求管理会计人员不仅应熟悉本企业所在行业的特征,而且更要通晓经济领域其他各个方面。

9. 战略管理会计主要包括战略目标的制定、战略管理会计信息系统、战略成本管理、战略性投资决策以及战略性业绩评价。战略管理会计首先要协助企业管理者制定战略目标,然后搜集、加工和提供战略管理信息资料协助决策者进行战略决策和战略管理。在成本方面,战略管理会计关注成本管理的战略环境、战略规划、战略实施和战略业绩,从价值链、战略定位以及成本动因三个方面分析如何控制成本。在投资决策方面,采用战略投资评价矩阵对项目进行可行性评价。最后,战略管理会计可以采用平衡记分卡和标杆法用于业绩评价。

10. 目标不同。传统成本管理以利润最大化为目标,力求最大限度地降低产品成本,非常容易造成企业的短期行为,而传统成本管理则是一种全方位的、全面的、全过程的成本管理,是尽可能降低无效成本。

内容不同。传统成本管理的内容比较狭窄,主要是包括成本计划的编制以及标准成本制度的建立等等,而战略成本管理则衍生出来了目标成本法、战略性成本分析以及产品生命周期法等方法,平衡了财务指标与非财务指标。

成本管理观念不同。传统成本管理注重短期效益,期望以最小的成本获得更高的利润,但这往往以事后的成本分析为主,而战略成本管理则是在注重短期利益的同时,更关注企业的长期竞争优势。

11. 关键在于企业内部的哪些作业产生了竞争优势,然后对这些作业进行更有效的管理。通过内部价值链分析,能够找出哪些活动是战略性的,并且识别战略价值作业以外的非战略作业,这些作业之间都是相互关联的,没有任何一项作业可以不考虑对其他作业的影响而独立地管理。通过协调和最优化机制,能为降低成本创造机会。

12. 成本动因分析主要包括结构性成本动因分析和执行性成本动因分析。结构性成本动因是与企业基础经济结构有关的成本驱动因素。它一般包括构成企业基础经济结构的企业规模、业务范围、经验积累、技术和厂址等。结构性成本动因的实质是扩张战略目标的选择问题,其所涉及的企业规模、范围、技术、经验以及厂址的合理选择并不是越多越好。执行性成本动因是与企业执行作业程序有关的动因,一般包括参与、全面质量管理、能力应用、联系等。

通过结构性成本动因分析有助于扩张战略目标的选择,而通过执行性成本动因分析,有助于全面加强管理,以确保战略目标的实现

案例分析答案

(1) 竞争优势分析。行业竞争强度的高低是由五种基本的竞争力决定的,即顾客讨价还价的能力、新进入者的威胁、供应商讨价还价的能力、替代产品的威胁以及现存企业的竞争等。

顾客讨价还价的能力。由于该公司主要的产品为高密度印刷线路板,产品主要为CC电子科技有限公司空调配套,所以这使得公司在与客户的讨价还价中不占优势。

现存企业的竞争。由于ABC公司各项经济技术指标在同行业中占据领先地位,所以具备一定的竞争优势。但是,从长远看电子科技行业更新变化速度快,研发成本较高,未来面对的竞争更加激烈。

供应商讨价还价的能力。公司生产电路板的原材料大部分由国内知名绝缘材料厂商提供,如果厂家供应出现变动,那么会直接影响公司的经营状况。因此,ABC公司在与供应商讨价还价的过程中并不占优势。

从竞争优势上来看,ABC公司在竞争优势上有所欠缺,虽然在生产技术方面处于国家领先地位,但是可以从企业自身内部寻找利润最大化的方式,即实行低成本战略。低成本战略的目标就是追求成本的最小化,在不具备与顾客和供应商讨价还价的优势下,公司内部寻求成本最小化是巩固其市场地位、维持市场份额的最优解。未来当公司面临落后于市场需求,生产技术和产品工艺跟不上大众潮流时,公司实行较低的成本战略才能应对未来的威胁。

(2) 价值链分析。一般说来,企业内部价值链包括支持作业和基础作业。其中支持作业包括企业基础设施、人力资源管理、技术开发以及物料的采购,基础作业包括内部后勤、生产经营、外部后勤、市场营销以及售后服务等。基于本案例,企业大致的价值链为:上游是绝缘材料厂家、中游是ABC公司、下游是电子科技有限公司。从价值链角度来看,公司过于依赖其主要客户和主要供应商,ABC公司应当适当扩大生产规模,开发更多的供应商和客户以改变当前过于依赖原有客户和供应商的现状。

第十一章 企业业绩评价

重点与难点

一、经济增加值

（一）含义

经济增加值（EVA）是指公司每年创造的新经济价值，它等于税后净营业利润（没有减除债务资本利息）与资本成本之间的差额。经济增加值代表着只有一个企业投资项目的收益高于该企业所有运营资本和资本成本，该企业才能创造价值。虽然经济增加值的概念很简单，但是实际计算很复杂，计算经济增加值，还需要解决营业利润、资本成本等计量问题。

（二）计算

经济增加值，是企业税后净营业利润扣除企业全部资本成本后的余额。

1. 基础经济增加值

基础的经济增加值是由没有经过调整的经营利润和总资产计算得来的，它的计算模型是基于企业资产负债表和利润表计算的：

经济增加值＝税后营业利润－报表总资产×加权平均资本成本

2. 调整的经济增加值

在实务中应用经济增加值时，需要进行会计调整，以真实、准确地反映企业的经济行为，每个企业可以根据自身的具体情况确认调整项目。思腾思特咨询公司对需要进行调整的情况规定了条件：①要对经济增加值有实质性影响；②企业管理层能够影响其结果；③所需的信息相对容易得到；④企业职员比较容易掌握。

3. 其他的经济增加值

在对经济增加值进行调整时，有的调整需要迎合公司内部业绩管理，这种调整需要根据公司自身情况，使用公司内部相关数据，得出结果也能更接近公司市场价值。也有公司为了更准确计算部门的经济增加值，要求对每一个经营单位使用不同资本成本。

4. 国资委《暂行办法》下的经济增加值

经济增加值＝税后净营业利润－资本成本
　　　　　＝税后净营业利润－调整后资本×平均资本成本率

税后净营业利润＝净利润＋(利息支出＋研究开发费用调整项
　　　　　　－非经营性收益调整项)×(1－25%)
调整以后的资本＝平均所有者权益＋平均负债合计
　　　　　　－平均无息流动负债－平均在建工程

公式中的某些调整项目需要根据财务报表进行。其中利息支出指的是只有财务费用下的利息支出,研发费用指的是财务报表中"管理费用"科目下的"研究与开发"费和当期确认为无形资产的资本化的研究开发支出;非经营性收益的调整项主要是变卖主业优质资产的收益、主业优质资产以外非流动资产的转让收益和与主业发展无关的资产置换的收益以及与经营活动无关的补贴收入等非经营性收益。在建工程指的是财务报表符合主业规定的"在建工程";无息流动负债主要是"应付票据""预收账款""应付账款""应交税费""其他应付款""应付利息"以及其他流动负债。

对于资本成本率来说,中央企业资本成本率原则上定为 5.5%;对军工等资产通用性较差的企业,资本成本率定为 4.1%;资产负债率在 75% 以上的工业企业和 80% 以上的非工业企业,资本成本率上浮 0.5 个百分点。

(三) 经济增加值的作用

1. 衡量利润

在传统的会计利润的条件下,虽然大多数公司在盈利但损害了股东的利益。经济增加值纠正了这个错误,它是股东定义的利润,表示只有当股东分享的税后营运利润超过其所付出的资本金的时候股东才获得利润。

2. 决策与股东财富一致

经济增加值衡量指标帮助了管理人员在决策的过程中最大限度地增加股东财富。从定义上说,经济增加值的可持续增长将会带来公司市场价值的增值,正是经济增加值的连续增长为股东财富带来连续增长。

(四) 经济增加值的优缺点

1. 经济增加值的优点

(1) 经济增加值考虑了资金机会成本和投资回报,能够更加真实、全面地衡量企业经营绩效,有效地指引企业从过去单一的业绩管理模式逐步过渡到资产管理同业绩管理相并重。

(2) 减少了传统会计指标对经济效益的扭曲,有效避免了传统业绩评价中只看中会计利润的局限性。经济增加值的评价指标调整是以资产负债表和利润表为基础,能够反映企业真实的业绩。

(3) 减少了企业的经营者粉饰会计利润的可能性。

(4) 促进企业增强价值理念,形成以价值链为纽带的管理流程,提高企业价值管理水平。

(5) 经济增加值可以把资本预算、业绩评价和激励报酬结合起来,使不同利益人对企业的期望和价值需求得到协调平衡。

2. 经济增加值的缺点

(1) 历史局限性。经济增加值属于短期财务指标,虽然采用经济增加值在一定程度上能够防止企业的短期行为,但是管理者都有自己的任职期限从而使得他们只关注自己任职期限内的经济增加值水平,然而股东财富最大化依赖于未来企业各期创造的经济增加值。

(2) 信息含量。在采用经济增加值进行业绩评价时,经济增加值系统对非财务信息重视不够,不能提供像产品、员工、客户以及创新等方面的非财务信息。

(3) 形成原因。经济增加值指标属下一种经营评价法,纯粹反映企业的经营情况,仅仅关注企业当期的经营情况,没有反映出市场对整个未来经营收益预测的修正。

(五) 经济增加值提升策略

1. 加强人工成本管理

应当有效分配使用人工成本,将集团劳务工费用纳入人工成本总额来进行分配,合理安排临时工与合同工的比例,建立完善的员工绩效考核机制。

2. 加强维护费用管理

精确管理维护费用,将维护各业务工作与相应的分类的资产挂钩,逐步建立完整的维护成本定额体系,督促各维护单位和维护主管执行。

3. 合理控制投资规模

控制投资规模,提高资产出产率,降低固定成本。做好资产评估,在按现有市场,专业分析的基础上,增加按业务类别的投资回报分析。

4. 提高资本投资回报水平

优化投资方式,产业结构,提高投资回报水平,促进盈利增长。

5. 加强集团运营资本管理

加强运营资本管理,提高资金周转速度。盘活用好现有资源,强化固定资产管理。

二、市场增加值

(一) 定义

市场增加值(MVA)就是一家上市公司的股票市场价值与这家公司的股票与债务调整以后的账面价值之间的差额,也即公司价值与累计资本投入之间的差额,它直接表明一家企业累计为股东创造了多少财富。

(二) 计算

市场增加值=企业权益资本市值-企业占用的权益资本
=企业股票价格×流通在外股票数量-企业占用的权益资本

当市场增加价值>0时,说明投资者认为企业总资本的市场价值大于投入资本的价值,企业"创造价值";当企业价值<0时,说明投资者认为企业总资本的市场价值小于投入资本的价值,企业"损害价值"。

(三) 市场增加值的优点

(1) 市场增加值是一个公司增加或减少股东财富的累计总量,是从外部评价公司管理业绩的最好方法。

(2) 能够反映公司的风险。公司的市值既包含了投资者对风险的判断,也包含了他们对于公司的评价。因此市场增加值不仅可以用来直接比较不同行业的公司,甚至可以直接比较不同国家公司的业绩。

(3) 市场增加值等价于金融市场对一家公司净现值的估计,便于人们普遍接受。

(四) 市场增加值的不足

(1) 没有考虑投入资本的机会成本。

(2) 没有考虑股东得到的中期现金回报。

(3) 不能应用于公司的部门层面,也不能用于未上市公司。

(五) 市场增加值与经济增加值的直接联系

市场增加值=未来经济增加值的折现值

(1) 二者都反映了上市公司资本运营的净效益,但是 MVA 更能体现资本市场对公司价值的影响,但是市场增加值并不适合未上市公司,并且股票市场也不一定能完全反映企业的价值。

(2) 经济增加值更适宜作为上市公司对内部业务单元和经理层的经营业绩评价和奖励制度的依据。

(3) 市场增加值与经济增加值最大不同在于市场增加值注重衡量企业能否创造价值,增加财富,而非关注企业销售量是否增长,利润增长幅度如何。经济增加值评价的是企业在过去年度是否获得成功,而市场增加值关心企业前景的市场评估。

(六) 市场增加值与经济增加值的比较

(1) 市场增加值和经济增加值都反映了上市公司资本运营的净效益,市场增加值更能体现资本市场对公司价值的影响,但市场增加值不适用于未公开上市的公司。同时,股票价格不仅受管理业绩的影响,还受其他因素的影响,当股票市场波动较大,市场增加值就容易扭曲。所以相比较而言,经济增加值更适合作为上市公司对内部业务单元和经理层的经营业绩评价和奖励制度的依据。

(2) 市场增加值和经济增加值两者最大的不同在于:市场增加值注重衡量企业能否创造价值,增加财富;经济增加值评价的是企业在过去年度能否获得成功,而市场增加值更关心企业前景的市场评估,透过经济增值观察企业的未来。

三、平衡记分卡

(一) 含义

平衡计分卡(BSC)是一种常见的绩效考核方法之一,从财务、客户、内部流程以及学习与成长四个维度来考察企业的业绩的系统体系。

(二) 主要内容

平衡计分卡的核心思想是通过财务、客户、内部流程、学习与成长四个维度的不同指标的相互驱动来实现绩效考核,促进企业战略的实现。

"财务维度"主要解决"我们怎样满足企业的所有者",表明我们的努力是否对企业的经济效益产生了积极作用。因此,财务维度是其他三个方面的出发点和归宿。

"客户维度"主要解决的是"顾客怎么看待我们"。客户是企业之本,是现代企业的利润来源,客户理应成为企业的关注焦点。

"内部流程维度"主要解决的是"我们擅长做什么"。这个维度着眼于企业的竞争力,因此企业应当厘清那些对客户满意度有最大影响的业务程序,明确自身的核心竞争力。

"学习与成长维度"主要解决的是"我们能否继续提高并创造价值"。只有持续提高员工的技术素质和管理能力,才能不断开发新产品,从而为客户创造更多的价值。

(三) 四个维度的相互关系

平衡计分卡四个维度之间并不是孤立的,它们之间是相互扶持、相互联系的。企业为了实现既定的财务目标,就必须要以客户的需求为出发点,不断地获得新客户,提高客户的满意程度,增加市场份额。

(四) 平衡计分卡的实施

平衡计分卡将战略放在中心位置上,贯穿战略管理全过程。

首先需要制定企业总体的发展战略。平衡计分卡对企业战略有很高的要求,企业应当在大环境的要求下确定其所从事的经营范围、成长方向以及竞争对策。

其次需要确定一系列的衡量指标来作为判断标准。这些指标可按照定量指标和定性指标进行划分,然后通过专家打分的方法确定各项评价指标的权重。

接着需要将战略目标和个人、部门以及单位的短期目标做好衔接。

最后建立健全科学完善的业绩考核体系,根据平衡计分卡的完成情况将员工奖金、晋升等直接与员工所完成的平衡计分卡的情况直接挂钩,形成有效的管理回路。

(五) 平衡计分卡的优点

(1) 强调绩效业绩与企业战略之间的关系,能够将部门绩效与企业、组织的整体绩效很好地联系起来,使各部门工作努力方向同企业战略目标的实现联系起来。

(2) 符合财务评价和非财务评价并重的业绩评价体系的设置原则。平衡计分卡为了弥补单一财务指标在客户、员工、供应商、业务程序、技术创新等方面的不足增加了非财务指标,形成了一套完整的指标体系。

(3) 能够避免企业的短期行为,实现了短期目标与长期目标的平衡。财务指标往往以过去的信息为依据,无法判断企业未来成长的潜力,而非财务评价指标能够很好地衡量公司未来的经营业绩。

(4) 充分体现了财务管理是企业管理中心的思想。平衡计分卡具体地说明了财务如何在企业中居于中心地位。

(5) 注重团队合作,防止企业管理机能失调。平衡计分卡通过对各种要素进行组合,使得管理者可以同时考虑企业各职能部门在企业整体中的不同作用及功能。

(6) 平衡计分卡可以提高企业整体管理效率。平衡计分卡所涉及的四项内容,都是企业未来发展成功的关键要素,通过平衡计分卡所提供的管理报告,将看似不相关的要素有机地结合在一起,提高企业整体的管理效率。

（六）平衡计分卡的缺点

（1）实施难度大。平衡计分卡的实施要求企业有明确的组织战略，管理基础差的企业不可以直接引入平衡计分卡，必须提高自己的管理水平才能循序渐进。

（2）指标体系的建立较困难。平衡计分卡需要引入非财务指标，克服单一依靠财务指标评价的局限性。那么，如何建立非财务指标体系以及确定相应的标准和指标。

（3）指标数量过多。指标间的因果关系很难做到真实准确，并且受到多重因素的影响，可能选择准确的指标来作为评价的依据有难度。

（4）各指标权重的分配比较困难。权重的制定并没有一个客观标准，这就不可避免使得权重的分配有浓厚的主观色彩。

（5）部门指标的量化工作难以落实。尤其是对于部分很抽象的非财务指标的量化工作非常困难。

（6）实施成本大。平衡计分卡要求企业从财务、客户、内部流程、学习与成长四个方面考虑战略目标的实施，并为每个方面制定详细而准确的目标和指标，这需要消耗大量精力和时间把它们分解到部门。

关键概念

1. 经济增加值
2. 税后净营业利润
3. 有效资本收益率和有效股权资本收益率
4. 市场增加值
5. 平衡计分卡
6. 战略管理

练习题

一、单项选择题

1. （　　）把企业的使命和战略转变为目标和各种指标，它并不是对传统战略和评估方法的否定，而是对其进行了进一步的发展与改进。
    A. 剩余收益　　　　　　　　　　B. EVA
    C. 业绩金字塔　　　　　　　　　D. 平衡计分卡
2. 某汽车制造厂是某汽车集团下属的一个投资中心，该厂明年投资 650 万元，预计净收益增加 300 万元，如果该公司的平均收益率为 30%，则该厂的剩余收益为（　　）。
    A. 45 万元　　　B. 159 万元　　　C. 0 万元　　　D. 105 万元
3. 责任会计中的业绩考评通常以责任预算为依据，通过编制（　　）把企业的实际情况和责任预算作对比来评价和考核各个责任中心的完成情况。
   A. 责任报告　　　　　　　　　B. 差异分析表
   C. 预算执行情况表　　　　　　D. 实际执行与预算比较表

4. 已知某公司加权平均的最低投资报酬率为25%,其下属的某投资中心投资额为300万元,剩余收益为20万元,则该中心的投资报酬率为(　　)。
   A. 31.67%　　　　　　　　　B. 42%
   C. 28.5%　　　　　　　　　　D. 10.3%

5. 以下不属于2010年国资委考核办法规定的税后净营业利润调整项目的是(　　)。
   A. 坏账准备　　　　　　　　　B. 非经常性损益
   C. 研发支出　　　　　　　　　D. 利息支出

6. WACC 指的是(　　)。
   A. 资本成本率　　　　　　　　B. 加权平均资本成本率
   C. 债务成本率　　　　　　　　D. 股权成本率

7. 下列关于经济增加值(EVA)的表达式,不正确的是(　　)。
   A. 经济增加值＝税后净利润－资本成本
   B. 经济增加值＝税后净利润－经济资本×资本预期收益率
   C. 经济增加值＝(资本金收益率－资本预期收益率)×经济资本
   D. 经济增加值＝(经风险调整的收益率－资本预期收益率)×经济资本

8. 下列哪一项不是平衡计分的战略执行要素?(　　)
   A. 战略地图　　　　　　　　　B. 目标客户
   C. 平衡计分卡　　　　　　　　D. 战略中心型组织

9. 下列哪一项不属于平衡计分卡的维度?(　　)
   A. 客户　　　　　　　　　　　B. 流程
   C. 财务　　　　　　　　　　　D. 技术

10. 下列关于经济增加值和市场增加值的说法中,不正确的是(　　)。
    A. 披露的经济增加值是在某些项目的数据调整以后得来的,典型的调整内容包括对折旧费用的处理等
    B. 市场增加值＝总市值－总资本
    C. 真实的市场增加值是公司经济利润最正确和最准确的指标
    D. 市场增加值和公司目标有极好的一致性,在实务中具有广泛的应用

11. 关于经济增加值的说法中,不正确的是(　　)。
    A. 经济增加值需要做一系列的调整,不能直接与股东财富联系起来
    B. 经济增加值度量的是"资本利润",而不是会计利润
    C. 经济增加值将公司所有目标用一个财务指标联系起来,只要某一决策能使经济增加值增加,那么该决策就是正确的
    D. 经济增加值考虑了资金机会成本和投资回报

12. 某公司为中央企业,2019年实现的净利润为700万元,财务利息支出为150万元,"管理费用"项目下的"研究与开发费用"和当期确认为无形资产的研究开

发支出为250万元,公司适用的所得税税率为25%,则该公司的税后净营业利润为( )。

A. 850　　　　　　　　　　　B. 900
C. 1 000　　　　　　　　　　D. 1 200

13. 某企业以经济增加值为目标,确定明年增加值为2 000万元。目前该在进行2014年的财务规划如下:2013年公司实现销售收入20 000万元,净利润2 000万元,平均资产总额8 000万元,平均无息流动负债800万元;2014年预计实现销售收入增长10%,销售净利润、资产周转率不变,且平均无息流动负债与销售收入比例不变;拟投入研发500万元。目前资产负债率60%,负债的平均利率(利息/负债)为5%,所得税25%,加权平均资本成本率10%。则计算该公司的经济增加值为( )。

A. 2 020　　　　　　　　　　B. 1 948
C. 3 800　　　　　　　　　　D. 500

14. 下列说法正确的是( )。
A. 若利率不变,企业市场增加值=股东权益增加值
B. 股东财富最大化=市场价值最大化
C. 股东权益的市场增加值最大化=权益市场价值最大化
D. 企业市场增加值=权益增加值+债务增加值

15. 已知某企业无风险资产收益率为5.7%,有效股权资本收益率为20%,则该公司的股权变动系数为( )。
A. 35%　　　B. 25.7%　　　C. 42%　　　D. 13%

16. 在绩效管理发展历史上,从传统财务观点到后来相继出现的杜邦财务分析体系、( )、经济增加值等综合评价方法。
A. KPI　　　　　　　　　　　B. 战略测量
C. 平衡计分卡　　　　　　　　D. 质量控制

二、多项选择题

1. 剩余收益是评价投资中心业绩的指标之一。下列关于投资中心剩余收益指标的说法中,正确的有( )。
A. 剩余收益可以根据现有财务报表资料直接计算
B. 剩余收益可以引导部门经理采取与企业总体利益一致的决策
C. 计算剩余收益时,对不同部门可以使用不同的资本成本
D. 剩余收益旨在使经理人员赚取超过资本成本的报酬,促进股东财富最大化

2. 在业绩的财务计量指标中,下列关于经济增加值的说法中,正确的有( )。
A. 经济增加值与股东财富的创造没有联系
B. 经济增加值是股票分析师的一个强有力的工具
C. 经济增加值具有比较不同规模企业的能力
D. 经济增加值有许多和投资报酬率一样误导使用人的缺点

3. 平衡计分卡通过（　　）指标体系设计来阐明和沟通企业战略，促使企业个人、部门和组织的行动方案达成一致和协调，以实现企业价值最大化和长期发展的目标。
   A. 客户维度
   B. 企业使命维度
   C. 内部运营维度
   D. 财务维度
   E. 学习与成长维度

4. 公司进行经济增加值管理的内容包括（　　）。
   A. 确定会计调整项目
   B. 确定经济增加值中心
   C. 制定经济增加值考核和奖励方法
   D. 构建经济增加值预算中心

5. 以下调整项目中既涉及对净利润的调整又涉及对资本占用项目的调整的是（　　）。
   A. 利息支出
   B. 在建工程
   C. 无形资产
   D. 营业外收支
   E. 研发支出

6. 影响部门剩余收益的因素有（　　）。
   A. 资本成本率
   B. 销售收入
   C. 投资额
   D. 支付股利

7. 经济增加值与传统财务指标最大的不同，就是充分考虑了投入资本的机会成本，使得 EVA 具有（　　）的特点。
   A. 衡量的是资本利润
   B. 衡量的是会计利润
   C. 衡量的是利润总额
   D. 衡量的是资本的社会利润
   E. 衡量的是企业利润

8. 下列有关市场增加值基础的业绩计量的表述中，正确的有（　　）。
   A. 用来评价公司业绩的是市场增加值而非市场价值
   B. 理论上来看，市场增加值是评价公司创造财富的准确方法，胜过其他任何方法
   C. 市场增加值不能反映公司的风险
   D. 市场增加值在实务中应用不广泛

9. 下列属于市场增加值优势的是（　　）。
   A. 市场增加值是一个公司增加或减少股东财富的累计总量，是从外部评价公司管理业绩的最好方法
   B. 能够反映公司的风险
   C. 市场增加值相当于金融市场对一家公司净现值的估计，便于人们普遍接受
   D. 市场增加值不仅可以用来直接比较不同行业的公司，甚至可以比较不同国家公司的业绩

10. 下列属于对经济增加值考核产生重大影响的因素有（　　）。
    A. 重大政策变化
    B. 企业重组、上市以及会计调整
    C. 重大政策变化

D. 国资委认可的其他重大调整事项

11. 下列各项,属于平衡计分卡内部业务流程维度业绩评价指标的有（　　）。
   A. 息税前利润　　　　　　　　B. 资产负债率
   C. 单位生产成本　　　　　　　D. 存货周转率

12. 在使用平衡计分卡进行企业业绩评价时,需要处理几个平衡。下列各项中,正确的有（　　）。
   A. 外部评价指标与内部评价指标的平衡
   B. 财务评价指标与非财务评价指标的平衡
   C. 定期评价指标与非定期评价指标的平衡
   D. 成果评价指标与驱动因素评价指标的平衡

13. 平衡计分表绩效体系设计时应当注意哪些问题？（　　）
   A. 企业处于不同的生命周期,目标是不同的
   B. 企业需要一套分级的平衡计分卡来运用于企业整体和各个相关部门
   C. 对于员工而言企业需要建立目标关联的目标体系,将上级组织的平衡计分卡进行进一步的分解
   D. 各个指标的权重应该科学设计,合理量化

14. 关于经济增加值的实际计算,下列说法不正确的是（　　）。
   A. 计算基本的经济增加值时,不需要对经营利润和总资产进行调整
   B. 计算披露的经济增加值时,应根据公开的财务报表及其附注中的数据进行调整
   C. 计算特殊的经济增加值时,不能对公司内部所有经营单位使用统一的资金成本
   D. 计算真实的经济增加值时,通常对公司内部所有经营单位使用统一的资金成本

15. 经济增加值的优点主要包括（　　）。
   A. 经济增加值能连续地度量业绩的改进
   B. 经济增加值不仅仅是一种业绩评价指标,它还是一种全面财务管理和薪金激励体制的框架
   C. 投资人也可以用经济增加值选择最有市场前景的公司
   D. 经济增加值是一个强有力的分析工具

三、判断题

1. 在税后净营业利润的计算中不考虑所得税对调整项目的影响。（　　）
2. 经济增加值是在财务报告的基础上按照经济利润的原理对会计数据调整以后计算取得的。（　　）
3. 经济增加值会使企业经营者的决策围绕股东价值最大化来进行,在经营过程中需要运用EVA进行管理和控制。（　　）
4. 在其他因素不变的情况下,一个投资中心的剩余收益的大小与企业资本成本的高低呈反向变动。（　　）

5. 利用剩余收益评价部门业绩时，为改善评价指标的可比性，各部门应当使用相同的资本成本百分数。（　　）
6. 剩余收益可以和投资报酬率起到互补作用，剩余收益弥补了投资报酬率的不足，可以在投资决策方面使投资中心利益与企业整体利益保持一致，并且也可以用于两个规模不同的投资中心进行横向比较。（　　）
7. 经济增加值与会计利润的主要区别在于会计利润除了资本利息，而经济增加值扣除了股权资本费用，不扣除债务利息。（　　）
8. 平衡计分卡是一种实现了财务与非财务指标平衡的综合业绩评价系统。（　　）
9. 只要期末股东权益大于期初股东权益，就说明通过企业经营使资本增值。（　　）
10. 经济增加值不仅可以衡量价值创造，也可以用于辅助企业的管理决策。（　　）
11. 平衡计分卡具有完整的战略执行体系，战略地图、平衡计分卡、战略中心型组织是其中三个核心的战略执行要素。（　　）

四、简答题

1. 传统财务指标有哪些缺陷？
2. 平衡计分卡在哪些方面具有平衡作用？
3. 何为剩余收益？和经济增加值的联系和区别？
4. 经济增加值和市场增加值的比较。
5. 如何有效利用平衡记分卡的四个维度进行评价？

案 例 分 析

在我国上市公司中"代理问题"的存在尤其突出，信息不对称往往会造成"内部人控制"的现象，因此，如何建立有效的评价和激励机制对于克服"代理问题"非常重要。S公司是一家乳制品企业，在我国香港和纽约上市，总资产达到4.07亿元，成为国内乳制品行业的佼佼者。近年来，S公司人员流失严重并且也造成了一系列的后续问题。

公司每年以"责任令"的形式来和管理人员签订合同，年终根据"责任令"的完成情况来对经营者进行业绩考核。"责任令"不仅考核公司管理层完成经济业绩的情况（主要是年度净利润），而且对于社会效益部分还占有一定的比例，不仅包括定性描述任务还包括由董事会下达的硬性定量计划指标。

从内容上看，公司对于管理层的考核非常全面。但是，由于许多目标没有办法量化并且核算标准不统一，各个部门内部评分数据也不完整，所以产生了很多不必要的矛盾。由于经济全球化的推进以及原材料成本的上涨等因素，S公司面临严重的市场竞争以及经营问题。因此，建立健全的经营者激励约束机制显得尤为重要。

>**分析要求**:为什么 S 公司近年来人员流失问题严重?人员流失可能会对企业造成什么样的影响?S 公司应当如何改进业绩评估模式来减少人员流失?

练习题答案

一、单项选择题

1. D 2. D 3. B 4. A 5. A 6. B 7. C 8. B 9. D 10. D 11. A 12. C 13. B 14. A 15. B 16. C

二、多项选择题

1. BC 2. BD 3. ADE 4. ABCD 5. DE 6. ABC 7. AD 8. ABD 9. ABCD 10. ABCD 11. CD 12. AB 13. ABCD 14. CD 15. ABCD

三、判断题

1. × 2. √ 3. √ 4. × 5. × 6. × 7. × 8. √ 9. × 10. √ 11. √

四、简答题

1. 偏重有形资产的评估和管理;重视对过去业绩的衡量;无法准确地反映公司为股东创造的价值;容易造成企业的短期行为,粉饰报表等。

2. (1) 财务与非财务的平衡。财务与非财务的平衡强调企业不仅要关注短期的经营业绩,更要关注对财务绩效产生直接影响的驱动因素。

(2) 短期与长期的平衡。平衡计分卡既关注了企业短期的经营目标和绩效指标,使企业的战略计划和年度计划有效结合,保证企业的年度计划和长远发展方向保持一致。

(3) 内部与外部的均衡。平衡计分卡不仅仅关注企业内部的评价,还将关注范围拓展到外部,包括股东、投资者以及顾客。

(4) 前置与滞后的平衡。平衡计分卡一方面强调的是企业不仅要关注事后的结果,更要关注影响结果的因素和过程。另一方面强调企业不仅要关注能够反映企业过去经营业绩的滞后性指标,又要关注企业能够反映、预测企业未来绩效的领先指标。

3. 剩余收益是指投资中心所获得的利润扣减其投资额(净资产占用额)按规定或预期的最低收益率计算的投资收益后的余额,是一个部门的营业利润超过其预期的最低收益后的余额。

$$剩余收益 = 利润 - 投资额 \times 规定或预期的最低收益率$$
$$= 息税前利润 - 总资产占用额 \times 预期的总资产息税前利润率$$

经济增加值的思想来源于剩余收益,它是一种特定形式的剩余收益。经济增加值认为公认会计原则扭曲了企业的投资和收益情况,所以要对某些项目进行调整以反映企业真实的经营状况。

4. 经济增加值和市场增加值都反映了上市公司资本运营的净效益,但是市场增加值更能体现资本市场对公司的价值的影响,却并不适用于未公开上市的公司;市场增加值与经济增加值最大不同在于市场增加值更注重衡量企业是否创造价值、增加财富,而非关注企业销售量是否增加,利润增长幅度如何,经济增加值评价的是企业在过去年度是否获得成功,而市场增加值关心企业前景的市场评估;经济增加值和市场增加值正相关,如果市场增加值上升意味着市场预期未来的经济增加值会增加。

5. 平衡计分卡是从财务、客户、内部运营、学习与成长四个角度,将组织的战略落实为可操作的衡量指标和目标值的一种新型绩效管理体系。平衡计分卡四个维度之间具有明显的因果关系,在学习与成长层面上员工生产力、员工满意度以及信息环境的建立有利于促进企业改善供应商管理,改善生产流程,进而有利于提高客户满意度,提升企业市场品牌价值。企业价值的提高使得企业在财务指标上的表现有很大的改进。所以实行平衡计分卡的条件就是企业必须具有良好的基础管理,包括人力资源管理、战略管理、质量管理、生产管理、成本管理、采购管理以及营销管理等等。同时,企业也必须坚持以目标、战略为导向,将企业战略置于管理的核心。

案例分析答案

提示:人员流失的原因可以从人力资源管理不健全、薪酬以及激励制度不合理以及内部管理等方面进行分析。

首先,从人力资源方面,是否需要定期对人员进行组织培训,是否能够合理根据员工的技能和特征来安排适合的岗位。

其次,岗位轮换制度以及相对应的工作调整是否有合理的规划也是需要去注意的问题。

再次,从薪酬以及激励制度方面,S公司显然是以"责任令"的完成结果来作为评价管理层业绩以及年终奖的安排。而"责任令"又大多注重的是以本期实现的净利润为目标,这种以净利润作为考核业绩的考核方法存在着很多不可控因素,很多管理者为企业经营运作付出了很多的努力,可能会客观改善企业的经营状况。而且,为了实现当期净利润的实现,很多经营管理者只注重短期行为。

最后,从内部管理角度来看,公司制定的考核目标不仅包括硬性的定量指标同时也包含了无法定量并且核算标准不统一的指标,经营利益的改善不一定与管理层有直接的关系。在对经营管理层进行评价的过程中如果把企业运营的诸多不可控因素包含其中,在发生这些状况的时候还按照原来的指标对管理者进行评价是不公平的。

人员流失所造成的影响一方面会导致客户量的减少,降低公司业绩。公司人员的流失会向外界传递公司经营不稳定的信号,乳制品行业应当是以旗下各分销商的业绩来统计总体业绩情况,公司经营不稳定就不会吸引经销商。另一方面,人员流失会使得公司相应的培训成本增加,为了维持企业的正常经营公司不得不招聘新员工并对其进行培训,这无疑会加重企业的负担。最后,公司经常性的人员流失也会引发高层的人员变动。

企业应当引入"平衡计分卡"这个指标体系,该核算指标体系包括了财务、客户、内部经营过程、学习与成长四个方面的内容。平衡计分卡实现了财务与非财务的结合,弥补了传统财务指标的不足,特别是对于S公司来说不再是以本期实现的净利润为单纯的考核指标。平衡计分卡强调企业从整体上来考虑营销、生产、研发、财务、人力资源等部门的协调统一,克服了S公司之前存在的指标难以量化且核算标准不统一的问题,以实现企业整体目标为导向。

图书在版编目(CIP)数据

管理会计学指导用书/张可编著. —上海：复旦大学出版社，2023.9
(信毅教材大系. 会计学系列)
ISBN 978-7-309-16562-3

Ⅰ.①管… Ⅱ.①张… Ⅲ.①管理会计-高等学校-教学参考资料 Ⅳ.①F234.3

中国版本图书馆 CIP 数据核字(2022)第 198650 号

管理会计学指导用书
GUANLI KUAIJIXUE ZHIDAO YONGSHU
张　可　编著
责任编辑/方毅超

复旦大学出版社有限公司出版发行
上海市国权路 579 号　邮编：200433
网址：fupnet@fudanpress.com　http://www.fudanpress.com
门市零售：86-21-65102580　团体订购：86-21-65104505
出版部电话：86-21-65642845
上海新艺印刷有限公司

开本 787×1092　1/16　印张 12.25　字数 276 千
2023 年 9 月第 1 版第 1 次印刷

ISBN 978-7-309-16562-3/F·2945
定价：39.00 元

如有印装质量问题，请向复旦大学出版社有限公司出版部调换。
版权所有　侵权必究